一线主播表达力

张梅 著

中国华侨出版社
·北京·

图书在版编目（CIP）数据

在场：一线主播表达力 / 张梅著. -- 北京：中国
华侨出版社，2025. 6. -- ISBN 978-7-5113-9619-8

Ⅰ. G222.2

中国国家版本馆CIP数据核字第2025AP7968号

在场——一线主播表达力
ZAICHANG ——YIXIAN ZHUBO BIAODALI

著　　者：	张　梅
项目策划：	青书青创
责任编辑：	罗路晗
封面设计：	姜国鹏
经　　销：	新华书店
开　　本：	710毫米×1000毫米　　1/16开　　印张：9　　字数：148千字
印　　刷：	三河市金元印装有限公司
版　　次：	2025 年 6 月第 1 版
印　　次：	2025 年 6 月第 1 次印刷
书　　号：	ISBN 978-7-5113-9619-8
定　　价：	59.00元

中国华侨出版社　　　北京市朝阳区西坝河东里77号楼底商5号　　　邮编：100028

发行部：（010）64443051　　　编辑部：（010）64443056

如发现印装质量问题，影响阅读，请与印刷厂联系调换。

《在场——一线主播表达力》推荐序

收到张梅的书稿，读过之后，仿佛看到一颗种子历经十多年风雨终成枝繁叶茂之树。作为她研究生阶段的导师，我有幸见到她从美学课堂上的思辨者到直播一线践行者的蜕变，更欣慰于她始终未忘将理论应用于实践的初心。

书中对"主持人情感表现"的剖析，令我回想起当年《美学原理》课上关于"X表现"与"X的表现"的讨论——她精准捕捉到播音艺术中"声情并茂"的本质：声音的物理振动是"表现"的物质载体（X的表现），而其中流淌的情感共鸣却是超越符号的直观体验（X表现）。这种将抽象理论转化为行业方法论的能力，希望她继续在实践中不断精进，以结出更多硕果。

作为美学研究者，我始终坚信：所有技艺臻于化境时，必与美相遇。播音主持看似是信息传递的技术活，实则关乎人类最古老的交流艺术——通过声音与表情构建情感共同体。本书的出版，既是一位媒体人的职业总结，更是一场美学精神的接力传递。

欣然提笔为序，唯愿更多读者能透过行业技术的表象，看见其中跃动的艺术灵魂。

彭 锋

北京大学艺术学院前院长

2025年春于燕园

前言
PREFACE

说话的艺术

1997 年是我与播音主持事业结缘的起点。那时，我怀揣着对声音艺术的热爱与憧憬，踏入了这个充满魅力与挑战的行业。从青涩懵懂到逐渐成熟，从初出茅庐到独当一面，一路走来，近 30 载的光阴在话筒前悄然流逝，而我对播音主持的热爱与执着，却如陈酿的美酒，越发香醇。

2002 年，是电视新闻领域的一个重要节点。《南京零距离》这档具有开创性的民生新闻栏目横空出世，以其贴近百姓生活、报道风格真实鲜活，迅速赢得了广大观众的喜爱。它的成功，如同一颗投入平静湖面的石子，在行业内激起了层层涟漪，引发了一场关于民生新闻直播的变革。各地电视台纷纷效仿，直播民生新闻栏目的热潮如野火燎原般迅速蔓延。

在这股热潮中，我有幸于 2006 年在湖北省襄阳广播电视台开播的首档民生直播新闻栏目《今日播报》中担任首席主播。那 5 年，是我播音主持生涯中极为宝贵的经历。每天，在直播间我面对着闪烁的灯光和镜头，用声音传递着襄阳这座城市的点点滴滴。从街头巷尾的民生琐事到关乎城市发展的重大决策，我始终用有温度的声音传递新闻，让观众在了解动态的同时真切感受到城市的脉搏与律动。这 5 年的直播经历，不仅锻炼了我的应变能力和语言组织能力，更让我深刻体会到了播音主持工作与观众之间的紧密联系。

命运的齿轮悄然转动，机缘巧合之下，我来到了厦门广播电视集团新闻中心，开启了人生的新篇章。在《厦视直播室》栏目的近 10 年时光里，我见证了厦门这座海上花园城市的蓬勃发展。作为新闻主播，我肩负着传递城市声音的重任。每一场直播，都是一次与观众的深度对话，我力求以最专业的素养、最饱满的热情，将新闻的每一个细节准确、生动地呈现给观众。

随后，我又在对台对外新闻栏目《两岸新新闻》担任了 2 年的新闻主播。这一经历，让我有机会站在更高的视角，关注两岸关系的动态与发展。面对两岸观众，我深知自己的每一句话都可能影响他们对彼此的认知和理解。因此，我更加注重语言的严谨性和客观性，力求通过自己的声音，搭建起两岸沟通的桥梁，传递和平与友好的信息。

2024 年，我迎来了职业生涯的又一次重要转变，被调到厦门广播电视集团每天第一档直播新闻栏目《午间新闻广场》担任主播。这个栏目如同城市午间的"信息驿站"，为忙碌的人们送去最新的资讯。无论是晚间新闻栏目，还是日间新闻栏目，我始终以高度的敬业精神和专业态度对待每一场直播，力求为观众带来高质量的新闻播报。

在忙碌的工作之余，我始终没有放弃对知识的追求。2011 年初至 2013 年 7 月，我前往北京大学艺术学院系统学习了艺术硕士电视方向的课程。那段求学时光，是我人生中一段充实而难忘的经历。在北大的校园里，我沉浸在浓厚的学术氛围中，与来自五湖四海的优秀学子共同探讨电视艺术的奥秘。通过系统学习，拓宽了我的学术视野，而且通过将理论与实践相结合，我对播音主持工作有了更深入的理解和思考。

丰富的学习生活和多年的一线直播经历，让我不断总结经验、反思不足，在这个过程中，我逐渐形成了自己对播音主持工作的独特见解。本书便是我多年思考与实践的结晶。我试图在基于电视艺术理论的基础上，以自己亲身的经历和一些从业故事为切入点，深入探讨播音主持的表达艺术。

本书面向渴望提升普通话水平的大众，以及有志于从事播音主持事业的年轻人。全书分为五章，分别从语音、情感表达、出镜、即兴表达，以及未来主持人的发展前景等维度，剖析了播音主持的艺术精髓。

播音主持绝非简单地念稿或播报，而是一门融合语言艺术、情感表达与文化素养的综合性学科。我希望自己的分享能为读者提供启发，使他们在追求梦想的道路上少走弯路，能更快地找到属于自己的发展路径。

最后，感谢在播音主持道路上给予我帮助和支持的每一个人，是你们的鼓励与陪伴，让我能够在这条道路上坚定地走下去。愿这本书搭建起读者与播音主持艺术之间的一座桥梁，带领大家走进这个充满魅力的世界，共同探寻播音主持艺术的真谛。

张 梅

2025 年 4 月

目 录 a o e i u ü

第一章 语音篇

目 录 a o e i u ü

第二章　情感表达篇

目 录 α o e i u ü

第三章 出镜篇

目 录 a o e i u ü

第四章　即兴表达篇

第五章　未来主持人的发展前景篇

目 录 a o e i u ü

第一章　语音篇

多年来，国家一直大力推广普通话，不但在中国大陆，在中国港澳台地区、东南亚乃至全球华语区，普通话始终是华人的共同语言。虽然大多数人都会说普通话，但要说好标准普通话却并不容易，这与哪些因素有关呢？

音量大小影响比赛成绩

——从一次青少年朗诵大赛说起

2023 年，我受邀担任了一场青少年朗诵比赛的评委。比赛过程中，有位小选手的表现格外引人注目，她热情高涨、激情四射，表演时声嘶力竭，认为只要声音够大、情感够"饱满"，就能斩获佳绩。然而，她并不懂得如何正确且清晰地发声，导致部分声音出现失真，最终得分并不理想。

比赛结束后，孩子的家长觉得这一结果不公平，当场就找到评委理论了一番。几位评委调出该选手的比赛视频，同时找出一位在比赛中表现出色的选手的视频进行对比。在主办方现场，几位评委一边播放视频，一边进行细致入微的对比分析，并给出了一致的专业意见，才让家长的心情得以平复。

为何家长和孩子对朗诵的理解与评委的标准不一样？这与培训孩子的指导老师不无关系。不是说情绪激动、声嘶力竭就是诗朗诵。声音是情绪的载体，但情绪太过、声音太大，再加上普通话调值不准、发音位置偏离，这样的误导只要及时指出并改正，孩子的朗诵面貌就会立刻改观。幼儿乃至青少年时期，是语音语调形成的关键期。在以非普通话为方言的地区，对孩子的普通话发音尤其要给予足够的重视与正确引导，不当的发音习惯一旦养成，再进行纠正就比较困难。

在普通话发音中，音量的高低是最容易控制的，上文提到的那位小选手，最需要改变的是"爆话筒"的高音量，对她来说，每次上台之前调试话筒很有必要。一方面，在平时要注意进行音量练习。在可控的气息范围内，寻找自己的最低音量和最高音量；确定这个音量范围后，再结合朗诵作品的情感需求，把握好恰当的表达音量区间。另一方面，在活动现场，提前调试好话筒。比如，根据麦克风发出的音量，随时调整话筒与嘴唇之间的距离；在配乐朗诵时，要提前让调音师播放，配合朗诵时麦克风传出的音量进行调音，找到一个自己发声最舒适、受众听力最适宜的音量发声区间。这样在正式比赛时，选手就能游刃有余地控制好音量，专注于表达。

气息是声情并茂的载体
——诵读时的气息练习方法

我曾在厦门的一所高校担任过朗诵课教师。期末考试时，我要求学生提交电子版朗诵作品。由于授课对象并非播音专业学生，录音作品考试主要考量其普通话的清晰流利程度。有一位学生先后两次提交修改后的作品，可最终仍未达标。原因在于她提交的作品几乎让人难以听清内容，音量微弱，气息不稳定。试想，如果在现实生活中连说话都含混不清，基本的正常交流都成问题，那显然是不符合要求的。对于这名学生来说，除了要进行音量方面的训练，气息训练也必须狠下功夫。

气息训练不可能一蹴而就，要经过长期科学的训练才能取得成效。以下提供的练习方法，主要选自中国传媒大学赵秀环教授所著的《播音主持艺术语言基本功训练教程》。当年我刚入播音主持这行时，到当时的北京广播学院进修，就是用这本教材练习发声吐字的，让我受益匪浅。

接下来，我们可以从以下几个方面来进行气息练习。

◎ 吸气练习

吸气练习时，保持良好的精神状态，让肩胸放松很重要，要做到"兴奋从容两肋开，不觉吸气气自来"。可以通过以下方法来体会。

（1）以衣襟中间纽扣为标记，把气缓缓吸到最下面那颗纽扣的位置。

（2）坐在椅子的前沿，上身略向前倾，沿着后背将气缓缓吸入体内。这种方法避免了单纯依靠胸部用力吸气的情况，更容易让人真切感受到两肋打开的状态。

（3）闻花。远处飘来一股花香，闻一闻是什么花的香味呢？此时，气会吸得深、自然。用这种方法体会膈肌下降和肋骨张开的感觉。

（4）调整意念，觉得气是从全身的毛细孔吸入体内的，使两肋较充分地展开。

（5）抬起重物和"倒拔垂杨柳"。在抬起重物和"倒拔垂杨柳"时，总要深吸一口气，憋住一股劲儿，此时，腰部、腹部的感觉与胸腹联合呼吸时吸气的最后一刻的感觉相近。

（6）"半打"哈欠。不张大嘴地打哈欠，进行到最后一刻的感觉与胸腹联合呼吸时吸气的最后一刻的感觉相近。

◎ 呼气练习

做呼气练习时，心理状态要保持自然松弛，不能为了延长呼气时间而憋气、紧喉。用练习吸气的方法吸气至"八成"满，可以通过以下方法来体会。

（1）以叹气的方法呼出，并不发出任何声音，体会喉部如何放松。

（2）缓缓持续地发出"呲"的声音。

（3）均匀、缓慢地吹去桌面上的尘土；或吹歪蜡烛火苗，使其既不直也不灭。

（4）发出纯净的、音高自然一致的"a"的长音。

（5）数数儿，以每秒 2 个的速度数：1、2、3、4……

（6）数葫芦，"一口气数二十个葫芦：一个葫芦，两个葫芦，三个葫芦，四个葫芦……"

（7）绕口令气息训练。

① 绕口令：《出东门，过大桥》

出东门，过大桥，大桥底下一树枣，拿着竿子去打枣，青的多，红的少，一个枣，两个枣，三个枣，四个枣，五个枣，六个枣，七个枣，八个枣，九个枣，十个枣，十个枣，九个枣，八个枣，七个枣，六个枣，五个枣，四个枣，三个枣，两个枣，一个枣，这是一段绕口令，一口气说完才算好。

②绕口令：《板凳宽扁担长》

扁担长，板凳宽，板凳没有扁担长，扁担没有板凳宽，扁担要绑在板凳上，板凳不让扁担绑在板凳上，扁担偏要绑在板凳上！

做绕口令练习时要注意不要贪多求快，而要在吐字清晰、气息均匀的前提下进行发声练习。练习时，可参考网络上这些绕口令的标准发音，对照自己的发声状态，循序渐进地练习。

◎ 膈肌锻炼方法

锻炼膈肌的传统方法是"狗喘气"，即开口松喉，展开下肋，用笑的感觉（不出声）使膈肌做有节律的颤动。由于这种练习使气流在喉部急速摩擦，容易对发声器官造成不良影响，因此被后人认为是得不偿失的练习方法。经过改良的办法有两种：一是变开口为闭口。这样做的好处是可以使喉部一次直接挡气变为鼻孔和喉的两次挡气，从而减轻了气流对喉部的摩擦。另外，气流经过鼻道时可以适当提高吸入空气的湿度，这样也减少了对喉部的刺激，避免了嗓音发干、发涩。二是变无声为有声。在呼气的同时，弹发"he"音。这样做不仅可以减轻气流对声音的摩擦，而且可以通过声音来鉴定练习的效果。

（1）带有"hei"音的"狗喘气"练习步骤和方法。

第一步：深吸气后，用一口气，发出两个扎实的"hei"音。不断重复，坚持数日。在做好第一步的基础上，再增加弹发次数，直至一口气弹发七八次。弹发过程中给气的力量应该均匀，声音保持一定音高，音量、音色也要始终一致。

第二步：坚持练习数日，就会获得"自动"进气的感觉。此后要由慢到快，稳健、轻巧地连续弹发"hei"音，最后达到要慢即慢、要快即快的程度。

第三步：做改变音高、音量和音色的练习。在开始做这个练习的一段时间里，可能会感到下肋、膈肌和腹部的动作不能协调一致，也会感到动作与声音"不同步"，练久了还会腰酸腹痛，这些都是正常现象。如能按照上述步骤坚持练习，就能获得动作与声音的和谐与统一，膈肌的力量与灵活程度也会在练习中得到明显的提高。

（2）吸好气，弹发"1、2、3、4"，再吸气，弹发"2、2、3、4"，如喊广播操口令一样的状态。

第一步：基础弹发，建立呼吸与发声的初步协调。首先，进行站姿或坐姿的调整，确保身体处于自然放松且端正的状态。双脚平稳分开，与肩同宽，膝盖微微弯曲，不要过于僵硬；背部挺直，但不要刻意绷紧，让脊柱自然伸展；肩膀下沉，避免耸肩，双手自然下垂或轻轻搭在身体两侧。这样的姿势有助于呼吸顺畅，为后续的弹发练习提供良好的身体条件。其次，开始缓慢而深沉地吸气。吸好气后，稍作停顿，让气息在体内稳定下来。最后，用这口气迅速而有力地弹发出"1、2、3、4"这四个数字。弹发时，要保证每个数字都清晰、饱满、富有弹性，就像喊广播操口令一样，声音要干脆利落，不能拖泥带水。完成这一组弹发后，不要急于进行下一次练习，而是要再次缓慢吸气，重复上述弹发过程。如此反复进行，每次练习可以设定一定的组数，比如先从5组开始，随着练习的深入，逐渐增加至10组、15组等。

第二步：增加难度，强化气息与声音的稳定控制。在能够熟练完成第一步的基础弹发后，开始增加练习的难度。

同样先进行深吸气，使腹部充分鼓起，为接下来的弹发做好准备[①]。然后，弹发"2、2、3、4"这四个数字。与第一步不同的是，这里第一个数字固定为"2"，这要求我们在弹发时更加注重气息的控制和声音的连贯性。在弹发"2"时，气息的输出要均匀且稳定，声音的音高、音量和音色要与

---

① 潘乃宪：《声乐实用指导》，上海音乐出版社，2003年。

后续的"2、3、4"保持一致，不能出现明显的起伏变化。完成这一组弹发后，再次迅速吸气，紧接着进行下一组"2、2、3、4"的弹发。为了更好地掌握这种节奏和气息的控制，可以在练习时使用节拍器，将速度设定在一个合适的范围内，然后跟着节拍器的节奏进行弹发练习。

第三步：提升质量，追求动作与声音的和谐统一。在能够稳定地完成第二步的练习后，开始追求更高质量的练习效果，即实现动作与声音的和谐统一。

在每次吸气时，不仅要让气息充分进入腹部，还要注意感受身体的整体状态，包括胸部的扩张、肩膀的放松以及腰部的稳定等。弹发"2、2、3、4"时，要更加注重身体各部位的动作与声音的配合。在开始进行这些变化的练习时，可能会感到下肋、膈肌和腹部的动作有些不协调，甚至会出现腰酸腹痛的情况。这些都是正常的现象，说明身体正在适应新的练习要求。

（3）吸好气，弹发"ha"音，先慢后快，如同京剧老生大笑的状态。

第一步：慢弹"ha"音，感受气息与发声的联动。调整站姿，双脚稳立，与肩同宽，膝盖微屈，脊柱挺拔却不僵直，肩膀自然下垂，身体呈放松且中正的状态，为呼吸与发声营造良好的条件。缓慢深吸气，想象自己置身于山林，畅快地呼吸清新空气，气息经鼻腔直达腹部，腹部如气球般缓缓鼓起，感受膈肌下沉。吸满气后，稍作停顿，以平稳的气息发出"ha"音。发声时，气息均匀输出，如同细水长流，声音要洪亮、清晰，有穿透力，仿佛京剧老生开怀大笑的起势，缓慢且富有韵味。

第二步：快弹"ha"音，提升气息与发声速度。在能熟练慢弹"ha"音后，再加快速度。先深吸气，使腹部充分鼓起。随后，快速而有力地弹发"ha"音，如同京剧老生大笑渐入高潮，节奏紧凑，声音连贯。注意每个"ha"音都要清晰可辨，不能含混不清。此时气息输出速度加快，但仍要保持均匀，避免出现断断续续的情况。从每秒 1~2 个"ha"音开始，逐渐加快到每秒 3~4 个。

（4）反复弹发"ya""ye""ha""hei""huo""hou"。

第一步：逐音慢弹，感知发音与气息特点。保持良好站姿，双脚分开与肩同宽，膝盖放松微屈，脊柱向上延展，肩膀自然舒展，让身体处于松弛有度的状态，为发声做好准备。先缓慢深吸气，想象置身于空旷山谷，尽情地吸纳清新之气，气息下沉至腹部，感受腹部缓缓隆起。随后，依次弹发"ya""ye""ha""hei""huo""hou"这几个音。弹发"ya"音时，口腔打开，声音清脆明亮，仿佛在呼唤友人；弹"ye"音，嘴角微咧，声音带有一定延展性，似在轻声应答。每个音都以均匀气息弹发，速度较慢，间隔2~3秒，每个音重复5~8次为一组，每日练3~4组。练习中，留意每个音的气息支撑与发音位置，若气息不稳或发音不准，及时调整。坚持数日，熟悉各音发音与气息运用。

第二步：连贯快弹，强化气息与发声的协调。在熟练慢弹后，再加快弹发速度。依旧先深吸气，让腹部充满气息。然后，连贯快速地反复弹发"ya""ye""ha""hei""huo""hou"，如同机关枪扫射般连贯。此时气息输出要迅速且稳定，保证每个音都清晰有力。从每3秒一组（包含6个音）开始，逐渐加快至每2秒一组。若出现气息中断或发音模糊，就放慢速度，调整后再加速。

◎ 体会胸腔共鸣

（1）用较低的声音发"xia"音，声音不要过亮。这时的声音应是浑厚的，感觉是从胸腔发出的。如感觉不明显，可以逐渐降低音高，适当加大音量，也可用手轻按胸部，用"a"做练习音，从高到低、从实声到虚声发长音，体会哪一段声音在胸腔振动强烈，然后在这一声音阶段做胸腔共鸣练习。一般来说，较低且柔和的声音易于产生胸腔共鸣。

（2）增加胸腔共鸣后，用这一阶段的声音练习下列含有"a"音的词（"a"开口度大，易于产生胸腔共鸣）。

暗淡 反叛 散漫 武汉 计划 到达 白发 出嫁

◎ 科学练声的基本原则[①]

（1）训练嗓音的根本原则就是要"以情带声，以声传情，以情运气，气随情动，以情用声，声随情变，声情并茂，传情达意"，声音必须服务于内容、服务于思想感情。

（2）扩展音域练习要掌握"气息下沉、喉部放松、用声适度"，声音从自然声区练起，逐渐扩展。

（3）练声的运动规律应掌握声音从"小→大，弱→强，低→高，近→远，实→虚，短→长，柔→刚"的原则；内容遵循"易→难，浅→深，简→繁，单项→多项"的训练原则。

（4）按"音→字→词→句→段"的顺序循序渐进，并持之以恒，坚持"曲不离口"。

（5）科学练声的综合感觉应是：气息下沉、喉部放松，不挤不僵、声音贯通，气随情动、声随情走，音往外送、字往外流，刚柔并济、色彩丰富，字音轻弹、如珠如流、运用自如。

◎ 保护嗓音的基本措施

（1）提高发声技巧，注意量力而行，循序渐进地增加训练强度。

（2）学会放松发音，注意正确姿势，保证声道畅通、气往外送。切忌"仰头、低头、左右歪头"等下巴前伸动作干扰喉肌和声带的正常功能。

（3）培养良好的生活习惯，注意锻炼身体，保证充足睡眠。

（4）养成良好的饮食习惯，切忌暴饮暴食，以及食用辛辣刺激性食物。切忌用声后，马上吃过热、过冷或过于刺激的食品。

（5）勿抽烟饮酒，女性经期时要注意休息。

[①] 甄立夫：《科学练声》（第二版），中国传媒大学出版社，2005年。

（6）练声之前应注意活动身体，当大脑神经处于清醒状态、各发音器官协调运动时，方可练声。

除了以上方法，还可以进行专业的声乐训练，音乐家唱歌比主持人说话时运用的气息更足，控制性更好，其气息与音量训练的方法更全面、深入。因此，对于需要在音量、气息方面改善的群体来说，进行系统的声乐训练，对说话发声会起到事半功倍的效果。

普通话考级的难点与痛点
——找准调值与发音位置

　　我在福建厦门工作生活多年，经常听到闽南腔普通话，俗称"地瓜腔"普通话，时间一久，竟觉得这种独特的语音语调，温柔可爱，自成一派，别有一番韵味。日常生活中听听尚可，但在正式场合，若还是一口"地瓜腔"，往往因发音不准，令人费解。要想修正这种腔调，除了纠正发音位置，还需要掌握普通话的正确调值。最好的方法就是按照普通话等级考试的标准进行训练。

　　进入 2025 年，我国的普通话等级考试已经推出 30 年左右的时间，这些年来，普通话考试从最初的人测，到人测与机测并存，再到机测的全面普及，普通话证书已经成了播音员、主持人、教师、导游等职场人士择业、晋级的必备证书。机测对语音语调的要求很严苛，要想取得好成绩，必须严格按照普通话发音位置发准字音，在此基础上，还要调值到位、气息稳定、节奏适中。按照正确的发音吐字方法，长期反复科学练习普通话，就能纠正方言的语音语调，说好标准的普通话。

　　我到闽方言地区工作与生活后，在学习闽南语的过程中，发现很多闽方言，北方语系的人很难掌握发音要领，主要难点就在于，闽方言的发音位置有别于北方语系，必须找准其特有的口腔发音位置，并配合准确的调值，才能发出地道的闽南语读音。北方语系学习者要突破闽南语发音壁垒，关键需攻克两大技术关卡：其一，建立迥异于北方语系的特殊发音部位认知，如闽南语特有的齿龈塞音、鼻化韵等，其发音轨迹未见于北方语系发音体系。其二，构建七声调值系统与连读变调的感知框架。通过国际音标舌位图进行可视化定位，配合口腔内窥镜实施生物反馈训练，可显著提升特殊音素的习得效率。

同理，要想说好普通话，其他方言区的人也需要熟悉普通话语音口腔位置图，对照下列图、表，找到自己发音不标准的薄弱位置。相对来说，普通话发音位置比较好找，经过一段时间的发音位置训练，就能发出准确的普通话语音。

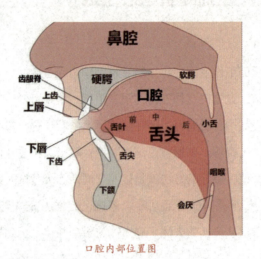

口腔内部位置图

上图能让我们清晰地了解口腔内部各部位的名称。在纠正发音位置时，根据图示标注的具体口腔发音位置名称，更容易找准语音位置，发出正确的语音。

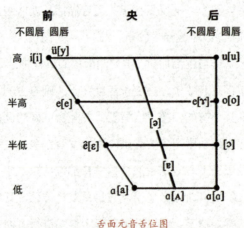

舌面元音舌位图

舌面元音舌位图（又称元音舌位图或元音四边形图）是语音学中用来描述舌面元音发音位置的二维坐标图，通过舌位高低（开口度）和舌位前后两个维度直观展示不同元音的发音特征。以下是详细解读。

◎ 舌位图的坐标轴含义

（1）纵轴（垂直方向）：表示舌位高低（或口腔开口度）。

高元音（闭元音）：舌位到达最高点，开口度小（如 /i/、/u/）。

低元音（开元音）：舌面下沉，开口度大（如 /ɑ/）。

中间依次为半高（如 /e/）、中（如 /ə/）、半低（如 /ɛ/）元音。

（2）横轴（水平方向）：表示舌位前后。

前元音：舌面前部抬起（如 /i/、/y/）。

后元音：舌面后部抬起（如 /u/、/o/）。

央元音：舌面中部抬起（如 /ə/）。

◎ 普通话舌面元音在舌位图中的位置

普通话的 7 个基本舌面元音及其典型位置如下表所示。

舌面元音表

元 音	国际音标	舌位高低	舌位前后	例 字
i	[i]	高	前	衣（yī）
ü	[y]	高	前（圆唇）	鱼（yú）
u	[u]	高	后	乌（wū）
e	[e]	半高	前	鹅（é）
o	[o]	半高	后（圆唇）	喔（ō）
ɑ	[ɑ]	低	前	啊（ā）
ê	[ɛ]	半低	前	诶（ê）

注：圆唇与否，图中通常用不同符号区分圆唇（如 /u/、/y/）和不圆唇（如 /i/、/ɑ/）元音。
央元音 /ə/：出现在轻声或弱读音节中（如"的"de）。

◎ 舌位图的动态变化

（1）复合元音：由两个元音滑动形成（如 /ai/、/ou/），在图中表现为从一点到另一点的连线。例如：

"爱"（ài）→ /a/（低前）向 /i/（高前）滑动。

"欧"（ōu）→ /o/（半高后）向 /u/（高后）滑动。

（2）方言与外语对比：

英语的 /æ/（如"cat"）位于半低前，比普通话的 /a/ 更靠后。

法语 /y/（如"tu"）与普通话 /ü/ 舌位相同，但圆唇更明显。

◎ 常见舌位图示例

舌位图表

前	央	后
高	i [i]	u [u]
	ü [y]	
半高	e [e]	o [o]
中	ə [ə]	
半低	ê [ɛ]	
低	a [a]	ɑ [ɑ]（如英语"father"）

注：实际舌位图需结合国际音标符号和圆唇标记

◎ 应用场景

（1）语音教学：帮助学习者调整舌位和口形，纠正发音（如区分"i"和"ü"）。

（2）方言研究：对比不同方言元音系统的差异（如闽南话元音更丰富）。

（3）语音合成：为计算机模拟元音提供参数依据。

◎ 注意事项

（1）个体差异：不同人的发音舌位可能略有不同。

（2）协同发音：相邻音素会影响元音的实际舌位（如鼻化元音）。

通过舌位图，我们可以系统地理解元音的发音机制，它是语音分析和语言学习的重要工具。

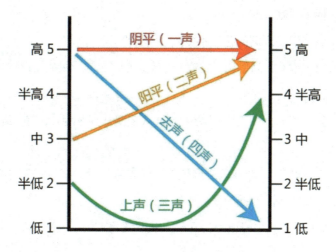

五度标记法：声调发音方法图

发音要到位，除了找准口腔位置，调值也很关键。普通话的五度标记法是一种用数字标调的方法，由语言学家赵元任先生提出，用于记录汉语声调的音高变化。它将声调的音高分为五度，从低到高分别用数字 1（最低）到 5（最高）表示，通过数字组合描述声调的调型和调值。这个方法对想学好普通话的练习者很重要。

◎ 五度标记法的具体使用方法

（一）划分五度音高

1 度：最低音（如说话时声音的最低点）；

2 度：次低音；

3 度：中音（自然音高）；

4 度：次高音；

5 度：最高音（如发音的极限高音）。

（二）标调规则

用两个数字表示声调的起点和终点（单字调），举例如下。

阴平（第一声）：高平调，调值5（从5度到5度，保持高音），如"妈"（mā）→55。

阳平（第二声）：中升调，调值35（从3度升到5度），如"麻"（má）→35。

上声（第三声）：降升调，调值214（先降后升，实际发音中常简化为21或211），如"马"（mǎ）→214。

去声（第四声）：全降调，调值51（从5度骤降到1度），如"骂"（mà）→51。

（三）变调标注

在语流中，某些声调会发生变化（如上声连读变调），需按实际发音标注。

两个上声相连时，前字变阳平（35），如"你好"（nǐhǎo）→35 + 214。

上声接非上声时，前字变半上（21），例如"妈妈"（mā·ma）→55 + 21（轻声）。

（四）轻声的标注

轻声无固定调值，其音高由前一个字的声调决定，通常标为0或短横线，如"桌子"（zhuō·zi）→阴平（55）+ 轻声（0）。

◎ 五度标记法的应用场景

（1）语音教学：帮助学习者理解声调的音高变化。

（2）方言调查：记录不同方言的声调系统。

（3）语音合成：为计算机模拟声调提供参数。

下面我们来看一下普通话与方言的声调示例对比。

声调示例表

声调	调型	五度标调	例字
阴平	高平	55	妈
阳平	中升	35	麻
上声	降升	214	马
去声	全降	51	骂

注：实际发音中，声调可能会受语境、语速影响而微调（如上声在快读时可能简化为21）

方言的声调调值可能与普通话不同（如闽南语有更多声调变体）。

普通话讲求阴阳上去，抑扬顿挫，一味地模仿标准发音还不够，还需明确每个发音的调值。五度标记法是语音学和汉语教学的重要方法，我们通过学习，可以直观地分析声调的音高特征。学习五度标记法，我们可对照模仿每个调值的图示，边打手势边进行调值发音练习，把需要诵读的文章内容逐字、逐词、逐句拆解开来，揣摩调值变化区间，掌握普通话调值精髓。按此方法练习，我们才能真正说好普通话。

# 方言在普通话节目中的点缀运用

　　普通话是中国的国家通用语言。然而，在我国部分方言地区大力推广普通话的过程中，保护好方言区的语言文化同样十分必要。尤其是在一些地域文化特色鲜明的地区，以及特定的节目场合，主持人在普通话节目中巧妙运用方言点缀，往往能迅速拉近与受众之间的距离。正确认识、学习并善用方言，有助于人们更深入地增强地域文化认同感，进而提升节目的传播效果。

　　例如，与厦门隔海相望的台湾地区民众，与厦门血缘相近、语言相通，闽南语是两地交流中不可忽视的重要语言。厦门卫视的诸多主流节目均以闽南语为主要语言载体。在当地，一位既能说一口标准普通话又精通闽南语的主持人，往往更受观众青睐。

　　回溯至 2002 年，湖南经视推出的《越策越开心》节目，开创了国内娱乐脱口秀节目的先河，节目中方言笑话的运用堪称一大特色和亮点，由此在全国范围内掀起了一股方言节目热潮。各地迅速涌现出各式各样的方言电视节目，南腔北调汇聚一堂，热闹非凡，但随之而来的观众评价却褒贬不一。由此可见，方言在节目中的运用犹如一把双刃剑。

　　那么，在一些地域文化特色浓厚的地区和一些特殊场合，主持人在普通话节目中对方言的点缀运用，如何恰到好处地平衡普通话的横向传播力与方言的纵向传播力，形成传播合力，为节目添彩呢？

◎ 电视节目中运用方言的必要性

　　我国地域辽阔，方言众多，大致划分为八大方言区：北方方言、吴方言、

湘方言、赣方言、客家方言、闽北方言、闽南方言、粤方言。出于国家统一和民族团结的需要，为促进各民族地区之间的交流与发展，《中华人民共和国国家通用语言文字法》规定普通话为国家通用语言。普通话以北京语音为标准音，以北方话为基础方言，以典范的现代白话文著作为语法规范。多年来，我国大力推广普通话，相应地，我国的广播电视节目均以普通话为主。

国家大力推广普通话并不是要其取代方言成为唯一的语言，相反，国家还在大力保护方言。方言是地区文化的底色。作为植根于民间的文化形态和文化载体，方言有着深厚的民间文化土壤。方言不仅是人们用来交流的语言工具，也是民族与地域文化的载体[1]。作为一种特殊的话语形态，方言是地方文化的脐带，是中国多元文化的根基[2]。

简单来说，如果只有普通话，所有的城市都是同样的腔调，虽然方便了不同地区人们的交流，但是也使偌大的中国千城一面。甚至有些城市的文化，如果脱离了当地的方言环境，人们就无法领略其中的特色和领悟其内涵。为满足不同地域受众的多样化需求，以普通话节目为主、方言类节目为辅的节目形态是必不可少的。

以闽南语为例，闽方言在汉语各大方言中处于相当突出的地位，闽籍著名语言学家张振兴教授早在 30 多年前就统计出我国闽、台、粤、琼等地及浙、苏、赣、桂少数地区讲闽方言的人口有 5462 万人，加上香港、澳门同胞及海外华人，以汉语闽方言为主要交际用语的约 1000 万人，这样，世界上用汉语闽方言作为日常交际工具的人口，总数就在 6500 万人以上了[3]。

语言认同是语言使用人对一种语言（方言）的本体特征以及这种语言（方言）所承载的政治、经济和文化等价值的认同。闽南方言所承载和传递的文化信息、观念和价值取向被固化在闽南族群文化中，成为闽南族群文化认同、

①李宁：《抖音：方言生存的新领域》，《文学教育（下）》2012年第7期。
②杨铭：《方言资源与城市文化形象建设——以湖南长沙为例》，《文化学刊》2016年第9期。
③张振兴：《闽语的分布和人口》，《方言》1989年第1期。

精神认同的核心精神元素，也是中华文化海外传播的重要组成部分。要充分发挥闽南方言优势，增强两岸人民对中华传统文化的认同感①。作为中国大陆地区第一个以闽南文化为特色的卫星频道，厦门卫视多年来致力于传播和弘扬闽南文化。厦门卫视挖掘闽南方言和文化的魅力，推出多档闽南话新栏目，打造丰富多彩的闽南话节目带。例如，厦门卫视推出了闽南语新闻栏目《新闻斗阵讲》、闽南话讲古栏目《斗阵来讲古》、闽南文化风情栏目《闽南通》等。这些节目全部用闽南话这一语言活化石，传递浓浓闽南味、华侨情，向海内外展现了一个充满活力、风情独特、有故事、有底蕴的闽南。这也使厦门卫视成为一个海内外电视观众深读闽南的窗口。

◎ 方言在普通话节目中要合乎情境

（一）方言在节目中的妙用

作为一种地域符号和城市标签，方言与使用方言的城市具有天然的默契②。以厦门卫视《两岸秘密档案》为例，该栏目于 2013 年开播，是厦门广电集团重点打造的纪实类节目。其定位聚焦中国台湾地区，主旨在于促进两岸关系和平发展。栏目团队挖掘了大量独特的一手史料，建立了较为系统化的台湾地区影像史资料库。所以，这一节目的权威性和真实性为业内所称道。该栏目尤其注重选取福建籍华人在世界各地的传奇故事，闽南籍华人的故事更是其关注的重点，如《中国最早的"海归"殉国者薛有福》《海上丝路的见证者"南海一号"》《飞越世界的厦门号》等。《两岸秘密档案》虽为历史纪实栏目，但在情感沟通上也下足功夫，每期节目的片尾是闽南话歌曲《走三关》。该片尾曲以苍凉的男声、地道的南音，完成贴近性与针对性的最后一击，给予观众"本土化"的十足体验，使情与境在此完美融合。

---

① 吴洁、马睿哲：《闽南方言在台湾播迁的历史脉络与现状——以漳州方言为例》，《东南传播》2021年第11期。
② 蓝刚：《方言短视频在城市形象建构中的影响研究》，《视听》2020年第9期。

（二）方言在主持中的巧用

适当运用方言有利于拉近主持人与受众之间的距离。在 2021 年的"海峡两岸春节焰火晚会"节目中，厦门广电不但通过《厦视直播室》栏目在电视上直播，更在看厦门 APP、厦门广电网、央视频移动网、央视频、视频号、厦门广电官方微博、抖音、快手、一直播、哔哩哔哩及厦门卫视等平台进行现场同步直播，并在这些平台上设置网络活动互动窗口。当日，正值大年初一，主持人注意到当地拜年民俗，于是在直播互动环节中，分别用普通话和闽南语道出"新年好"的祝福，拉近了两岸民众同根同源的距离感，也凸显了闽南地域特色。当天，这一直播冲上微博热搜，阅读量达到 2.5 亿，在厦门广电官网看厦门 APP 累计播放量达 78 万人次。众所周知，传统媒体的受众群体日趋老龄化，如何抓住受众的心，主持人除了保证节目质量，还要注重细节。福建地区受众的方言以闽南语为主，北方方言中对长辈的称呼主要是"大爷、大妈"，而闽南地区一般说"阿公、阿嬷"。闽南语发音有 7 个调值，而普通话发音有 4 个调值。如果"阿公、阿嬷"这样具有闽南特色的称呼，按普通话标准发音来读，就显得很生硬。而闽南语 1 调的"公"的发音，读成接近普通话的"阴平"调值，闽南语 5 调的"嬷"的发音读成普通话的"去声"调值，给闽南受众的感觉就会比较亲切。

◎ 把握好运用方言的度

在普通话节目中，方言应起到锦上添花的作用，而不能成为主流。毕竟，方言复杂难懂，让人一头雾水。主持人也不能随心所欲地混杂普通话与方言，否则会令受众接收信息不清，产生混淆。

以福建厦门广电集团的在职主持人为例。其中，既有来自北方语系的普通话主持人，也有闽南语系的节目主持人，还有会说普通话与闽南语的"双语"主持人。在主持场合，方言的运用也要视场合、时间、地点而定。比如，对接本地受众的闽南语节目，闽南语就是其语言载体。在与本地民众的互动节目中，主持人也可以根据内容适时地说闽南语。普通话主持人最好能系统学习当地方言，虽不可能一蹴而就，但潜移默化学习一些基本生活用语、礼貌用语却简单可行。闽南语系主持人也应注意普通话语言规范，考虑到各类受众的口音接受度，以达到最佳主持效果。

厦门卫视的《两岸新新闻》栏目往往直接采用有闽南语基础的驻台记者的新闻配音，一些新闻栏目内容延伸出去的小视频配音，也注重闽南特色，往往会使用闽南普通话，俗称"地瓜腔"配音，反而因其特色更受受众欢迎。但是作为上星[1]的新闻栏目，《两岸新新闻》的传播范围更广，受众分布地域更广，显然，节目要以标准普通话为主，不能直接使用方言，"地瓜腔"普通话也只能是偶尔的点缀。

乡音最是乡愁，方言认同能够起到正向服务地区经济社会发展的作用，媒体人要把握时代机遇，充分发挥方言在中华传统文化和心理认同方面的优势，推进文化交流和文化认同。

---

①指卫视台的节目通过技术手段上传至卫星，再由各地通过卫星接收装置接收信号，最终经有线电视网传输到千家万户。

第二章　情感表达篇

在镜头前活跃的主播与网络达人，往往展现出极具感染力的情感。然而，在"情感流量"的表象背后，真实情感与表演性情感的边界值得深思：前者是内心世界的自然流露，后者则是基于传播需求的技巧性呈现。在节目场景中，主播需建立"情感双轨制"意识——既要有"本色情感"作为内核支撑，保持真诚底色；又要通过"角色情感"进行艺术加工，适配节目调性。

本章我们主要讨论以下几个话题：什么是自己真实的情感状态？什么是自己表现出来的情感状态？在节目中，应该如何驾驭自己的情感状态呢？

主持人的情感表现空间

　　随着全媒体时代的到来，电视面临更加开放的传播环境，观众对电视节目的要求日益提高，对主持人的要求也越发严格。主持人要塑造自身魅力，不能仅依赖光鲜外表，更需正视并调适内心状态——包括处理隐性情感与承受精神压力，同时化解工作和生活中情感表达带来的困扰。如何认知与把握内在情感状态，始终是每位主持人必须认真面对的问题。

　　主持人在节目中的表情是否能完全反映其内心情感？如何通过流畅的表现传递情感体验？如何区分真情实感与情感泛滥？电视节目主持人与演员的情感表现有何差异？这一节内容尝试从美学角度探讨上述问题，以期构建主持人情感表现的理性框架，并探寻其在工作与生活中情感表达的平衡点。

◎ 主持人表现与主持人的表现

　　首先我们要认知与区分主持人表现与主持人的表现。以 X 表现和 X 的表现为例。托梅区分了 X 表现（X expression）和 X 的表现（expression of X），这个理论可以让我们试着分析主持人表现和主持人的表现的区别。从前者我们不能推断出任何被表现了的 X，从后者则可以做出这个推断。如果一个人面带忧郁，这并不意味着他正在通过他的面部表现自己切身的忧郁情绪。就像彼得基维阐释的一样，那个人可能只是生来就具有一张看似忧郁的脸庞。相反，如果他的忧郁表现是他的忧郁的表现，我们就能合理地推断，他的确在其忧郁表现中显示了其精神状态[1]。

---

①彼得·基维：《美学指南》，彭锋等译，南京大学出版社，2018年。

多年前，我曾受邀为一家幼儿园活动进行电视录播。在活动前一晚，我接到爷爷突然去世的噩耗，匆匆赶去医院见了他最后一面，当时心情悲痛，泪流不止。到了第二天，我去幼儿园为小朋友们主持活动，脸上带着笑容，心里却装着悲痛，异常难过。直到整场活动顺利结束后，自己才敢恢复悲伤情绪。

托梅认为，艺术表现里的审美兴趣往往是对"X表现"的兴趣，而非对"X的表现"的兴趣①。这也说明了"X表现"恰到好处的主持人往往更受观众喜爱。那场活动中，为了孩子们，自己脸上的笑容与欢愉的状态，是强忍悲痛后的真诚表达，并不是完全装出来的。作为主持人的我，尽量平衡了内心两种冲突的情绪，达到了"X表现"与"X的表现"的平衡。

换言之，一个主持人应明确自己的个人身份与公众身份。在主持节目时，主持人应该找到身心状态自由切换的结合点，既清楚自己现实生活中的状态，又善于在节目中调动情绪，调整到最佳的节目状态。只有清醒认识到"X表现"和"X的表现"，主持人才能认识到自己的情感变化和情感诉求，更快地调整好自己的情绪，在节目中表现自如。

◎ 主持人情感表现的平衡点

人不可能活在真空状态，主持人也有七情六欲。有时，主持人在节目中身心合一表现投入，显现出了"X表现"。但主持人在真情主持状态下，并不代表主持人的心里不装着自己的烦心事，从这个层面上理解主持人的真情实感也是有保留和底线的，是一种"X的表现"。那么，主持人的情感表现怎样才能恰到好处呢？在主持节目时一定需要真情实感吗？

（一）真情实感不意味着情感泛滥

主持人的真情实感是建立在一个合理的理性空间上的，也是建立在主持人

---

① 彼得·基维：《美学指南》，彭锋等译，南京大学出版社，2018年。

"X 表现"和"X 的表现"的平衡点上的。中国电视曾经历过一个情感泛滥的时期。20 世纪 90 年代初，当著名主持人倪萍第一次在电视上情之所至、声泪俱下时，很多观众被这突如其来的阵势感动。一时间，以情感攻势为主的主持模式蔚然成风。随之而来的，是观众的反感。这也是主持人没有分清"X 表现"和"X 的表现"的原因。倪萍老师有深厚的表演功底，情感表现力强，在当时电视屏幕"千人一面"情感表现过于拘谨的状态对比下，她主持的节目曾打动过亿万观众的心。

也许倪萍第一次在主持现场流泪的瞬间，是她内心真实情感的表露，才打动了观众，但后来很多主持人为了煽情而流泪，则属于做作的"X 的表现"，表现的感动并不是真实的感动，并不是自己真实的内心情感，打动不了人。电视主持人毕竟不是当事人，要有符合自己身份的立场。

每种情感由"独特的和可具体化的关系性意义"所区别，这个"关系性意义"概括了每个人——环境关系中的人的受害和得益[1]。汶川大地震中，新闻主播赵普在电视播报中既情不自禁又有所控制地流泪，感动了无数观众。在那一特殊时刻，大家都共同经历着那种大环境下特有的心理体验。赵普既有普通百姓对汶川地震的关切，也体现了自己作为新闻主播的水准，这就较好地掌握了情感表达的平衡点。

（二）主持人与演员的情感表现差别

演员演戏强调融入角色，很多演员训练课程也教授演员如何入戏的技巧。在影视表演艺术中，为了唤起受众的情感体验，演员往往需要投入自己的真实情感来演绎角色。这样的艺术创作状态，显然与主持人工作时的状态不一样。虽然两者都需要真情投入，但主持人在主持节目的过程中始终需要明确自己是谁，清楚自己的身份和职责。演员则更需要忘我地演绎。

---

①彼得·基维：《美学指南》，彭锋等译，南京大学出版社，2018年。

很多演员演完一部戏后，需要休息一段时间，主要是调整自己的情绪状态。演艺圈流行一句话："演了太多别人，而忘了自己。"很多看过著名香港艺人张国荣作品的人，都对他的入戏太深印象深刻。显然，在戏中，张国荣对"X表现"和"X的表现"的理性认知界限是模糊的。在戏中，张国荣把自己变成戏中人，"X表现"过多。这种理性认知界限一旦失去平衡，就容易导致精神障碍。

观众在看影视剧时，只记得演员演过的不同角色，而忽略了演员本人，这是演员的成功。但主持人在主持节目时要明确自己的身份，不能失去自我，无论在什么活动中，都要保持理性。

◎ 认知与调控情绪状态

既然情绪对主持人的身心那么重要，情感表现真切与否也决定了主持人在节目中的魅力大小。那么怎样才能合理地调整好情绪呢？

很多主持人在电视上光鲜亮丽，但光环背后，很多无形的压力在考验着他们。主持人的身心状态直接影响着他们的工作状态。主持人也是人，当正常的工作、生活比例不平衡，也就是人与环境的交互作用常常处于一种超负荷状态（很多主持人都有过这样的工作情形，比如，马上就要上节目了，却被告知一件极其影响心情的事情），但他们只有控制情绪波动，在不被人察觉的情况下完成工作。工作结束了，主持人才会缓过神来，回到节目之前的情绪状态。如果经常处于高度兴奋紧张的直播节目状态，却不善于调节情绪，长此以往，则不利于身心健康。主持人不可能活在完美的情感真空里，除了合理调节自己的情绪，别无他法。

无论主持人实际的心情状态如何，只要在公众场合或面对镜头时，主持状态就应该随时"在线"。曾经有一次，在襄阳广播电视台的民生新闻栏目《今日播报》直播中，我担任当天的新闻主播。直播开始前，导播因个人私事情绪波动，而对此我一无所知。直播进行中，我按照正常工作流程，通过耳机向导播提出一个关于工作内容的询问。没想到，对方竟在直播过程中突然情绪失控，声嘶力竭地对我吼叫，言辞非常激烈。受到突发状况的影响，我的情绪瞬间急转直下，委屈与愤怒涌上心头。

当时节目正处于直播状态，情况十分紧急。幸运的是，在导播情绪失控导致我几乎要落泪的时段，节目恰巧插播广告。我深吸几口气，努力平复内心的波澜。广告结束后，我迅速调整状态，以镇定自若的姿态继续播报新闻，确保节目顺利推进。庆幸的是当天没有出现播出事故。

善于把握情感表达平衡点的优秀的主持人，应该是在清醒认识到了主持人表现和主持人的表现之后，既清楚自己主持时的表现状态，又在节目中认真投入真情实感。主持人要不断提升自身文化修养，提升自己的思想境界，在全面理性认识自己的状态下，既不过于表现自我、情感泛滥，又恰到好处地传递真情，温暖受众。总之，主持人只有突破虚无的形象，找到自己的那份真，才能让自己的情感与理性和谐共生。

笔者于厦门广电集团演播室工作照

# 电视新闻出镜者面部表情有哪些共性？

人类面部表情的丰富性来源于人类价值关系的多样性和复杂性，其发展在根本上来源于价值关系的发展，是人类表达社会信息的主要手段，是非语言交际的一种形式。这一节主要对我国电视新闻出镜者面部表情进行探析。

电视出镜者所传递的信息是一套复合型符号系统，与电台播报者纯粹传递语言符号系统相比，电视出镜者的表情、动作亦可组成另一套符号系统传递给电视受众。对电视新闻出镜者面部表情的系统研究能极大地拓展传递给受众的信息的深度和维度。表情是情感的外部表现形式，对电视新闻出镜者表情的探析，可以从另一个侧面辨析出镜者的真实情感，帮助电视新闻出镜者更好地实现外部表情与内部情感的和谐统一。

如果把新闻分为常态新闻和非常态新闻的话，那么相应地，在新闻播报中，新闻出镜者的面部表情也会随着新闻事态的轻重程度产生相应的变化。一般来说，在常态新闻的播报中，出镜者会根据新闻播报内容表现出常态的喜怒哀乐等表情；而在非常态如一些突发新闻事件中，出镜者的个性化表情特征会更加突出。由此，本节试着把当代中国电视新闻出镜者表情主要分为工具化表情和人性化表情，具体分析如下。

◎ 中国电视新闻出镜者工具化表情特征分析

工具，泛指生产劳动中使用的器具，也用来比喻达到某种目的的事物或手段。中国官方新闻的性质决定了新闻播报中出镜者的工具性。尽管当今中国屏幕上新闻出镜者的表情较 20 世纪 80 年代的出镜者更具亲和力，但新闻播报中的出镜者面部表情变化是有限的。类似中国《新闻联播》及国内各地市官方新闻这样的新闻节目，以清晰准确地传达新闻信息为主，不能添加太多主播个人色彩。在各种性质的新闻稿件中，主播要表达既定的情绪基调。从美学的"X表现"和"X的表现"（主持人表现和主持人的表现）理论来分析，出镜者在节目中的表现要符合节目特定的情绪基调的表达，比如在播报讣告时，出镜者面部表情要表达出沉痛的表情；在节庆中，其面部表情要表现喜庆的感觉。无论出镜者这一天自己是什么样的心情，只要在播报时，其面部表情就要符合播报内容的情绪基调，也就是说，要呈现出"X的表现"（主持人的表现），而不是"X表现"（主持人表现）。受众的情绪心理，是指受众在与播音员、主持人所传达的信息及其相关因素的接触中所产生的喜欢或不喜欢、满意或不满意等方面的体验。

（一）播报者不同的面部表情特征对受众产生的影响

研究表明，情绪可以构成独立的动机系统，直接对行为产生作用。高高在上、板着面孔训人的播音员、主持人，一般都会引起受众的反感甚至厌恶，因为一味地灌输、宣传、命令的信息最不容易被受众接受；只有那些充满了平民意识、真心为受众着想、真诚为受众服务的播音员、主持人才能得到受众的普遍认同与喜爱。一般来讲，受众对播音员、主持人的认同度越高，预期的传播效果就越好；受众对播音员、主持人的认同度越低，预期的传播效果就越差。要想提高受众对出镜者的心理认同，出镜者应掌握一定的技巧来唤起受众的愉快情绪，并有效控制受众的不良情绪。除了加强对声音的塑造外，出镜者面部表情的表现技巧也至关重要。在新闻播报中，主播在播报不同的新闻内容时，最常呈现喜、怒、哀、乐四种面部表情。

（二）新闻出镜者工具化表情特征示例

下面以笔者在厦门卫视播出的《两岸新新闻》栏目的出镜视频截图为例，只是通过面部表情，受众一眼就能区分出播报者的喜悦与严肃的表情特征。

笔者在2022年《两岸新新闻》中
播报金鸡节开幕的消息

笔者在2022年《两岸新新闻》中
播报关于佩洛西窜台的新闻

（三）主持人表情工具化特征普遍存在

我国的媒体是党和国家的宣传喉舌，从这点来看，无论是表情机械的播音员还是表情亲和的主持人，都脱离不了工具的性质。美国心理学家保罗·艾克曼（Paul Ekman）和华莱士·V. 弗里森（Wallace V. Friesen）把社会交际中人们的面部表情功能分为四种：强化、减弱、中和、掩饰[①]。经验丰富的新闻出镜者的代入感往往很强烈，可以通过一个眼神、一个微笑，或者严肃的表情信号来传递节目信息与导向，能够通过其在主持节目时的语态和体态来传递对于某一政治事件的观点和态度，出镜者刻意强化的表情不仅能影响参与节目的当事人，对收看电视节目的受众也起到了暗示作用。20 世纪电视出现时，我国早期新闻栏目单一，播报风格也较为单一，但是播报风格随着时代变化、经济发展、舆论环境更加民主公开透明而逐渐发生变化，播报者表情亲和度显著提升，个性化的主持人不断出现。党和政府喉舌的性质没有发生变化，新闻播报也遵循着党和政府的宣传政策，但播报者透过自然的面部表情传递信息的收视效果和影响效果却大于工具化倾向的灌输效果。现代新闻播报或新闻评论类节目中，出镜者的态度倾向能通过面部表情有效地传达。我国新闻媒体站在客

---

① 保罗·艾克曼、华莱士·V.弗里森：《心理学家的读脸术》，宾国澍译，当代中国出版社，2014年。

观公正的角度来进行新闻播报，为老百姓服务，故中国新闻出镜者的工具化倾向也是为人民播报的立场倾向，并不是为某一个阶层服务。

研究表明，人类面部的喜怒哀乐表情差别很小，高兴、严肃等情绪都是一目了然的。尽管各个国家电视台的出镜者由于肤色、性别、地域、性格，以及当地政治环境等因素的不同，表情略有区别，但出镜者在新闻播报中都具有工具化表情倾向，新闻的客观、严肃、公正等本质因素决定着新闻播报者要遵循这一特定内涵而播报。比如，世界范围内的新闻出镜者在播报领导人去世时，呈现的都是哀伤难过的表情；在播报节日讯息时，也都是高兴愉悦的表情，不可能出现明显情绪偏差的面部表情，无论当时播报者本身处于何种情绪状态。从这点来说，主持人表情的工具化特征是普遍存在的。

◎ 中国电视新闻出镜者面部表情分析

在不同的新闻媒体中，作为个人的出镜者因为地域环境、语言环境不同，节目要求不同，自我个性化表达尺度也有所不同。个性化主持人在主持节目时，其表达更符合内在思想情感，故在面部表情中，也能体现出与代表公共媒体利益的工具型主持人内在情感及个性化等方面的不同。

（一）非常态事件中出镜者的面部表情分析

在"5·12"汶川大地震中，面对突如其来的灾情，很多主持人的面部表情都表现出了悲伤、坚毅、隐忍、勇敢的情绪特征，这种面部感情表现与常态的播报状态是有区别的。这种表情变化不是简单作为表情工具，而是作为人的情感表现的一部分。

比如，赵普在一次的播报中为了不让情绪失控，他选择低头调整面部表情，嘴角下垂，表情严肃，整个面部表情显示他正处在悲伤的情绪中。

人非草木，孰能无情？在正常的情绪诉求状态下，处于极度悲伤状态的人都会选择在无人打扰的环境中独处，失声痛哭，面部表情哀伤。主持人也是常人，听到悲伤的事件，会如普通民众般情绪低落，面部表情哀伤，但因其公众身份，在主播台前必须收敛情绪，调整状态，控制面部表情，顺利播报，才能让更多受众了解灾情的进展。在播报时，低头、绷嘴等细节都属于控制情绪的表现。好的主持人善于把握"X表现"和"X的表现"的平衡点。作为个人的真实情绪表现属于"X表现"，但是在播报台前的主播要控制情绪，这种情绪表现属于"X的表现"，只是在灾难面前，在共同的情感体验中，主持人"X表现"的成分偏重一些，反而能让受众更好受些。

（二）出镜者过分个人化的倾向表现分析

主持人的面部表情是需要有度地把握和控制的。新闻节目过分的拘谨呆板，工具味道过浓，会使受众觉得乏味单调。但是，面部表情是不是越丰富越好呢？在新闻播报中，出镜者过多地表现自己，情感基调不稳，主持人自身情绪表现过多，都会招致受众不满。韩国MBC电视台女主播张美一于2007年5月在主持早间新闻节目时发生事故，笑场，使节目无法继续进行。节目进行中，当搭档口吃时，张美一放声大笑。接下来在自己报道"朝韩列车试运行考验军事保障协议"的新闻时又笑出声。此后一度强忍笑意的张美一在播报"全国有雨，南部地区电闪雷鸣"时还是没能忍住，说了句"怎么办？"

◎ 中国电视新闻出镜者面部表情定位分析

（一）受众对电视新闻出镜者面部表情的期望

出镜者的面部表情无论是个性特征明显还是工具化特征明显，都应该符合当下节目的情境，才能体现对职业的尊重与理解。在一些突发新闻事件中，出镜者面部表情的表现必须与当时特定的事件背景、特定事件中人物的心理感受相通，一些新闻事件第一现场，凡是出发点不对的采访动机和自我表现都会在出镜者的肢体语言尤其是面部表情上透露出来，引发受众的反感，直接原因还是出镜者作为个人的修养不够，对环境的适应力、感知力和判断力不够。出镜者的身份是多重的，其面部表情的表现也直接传递了其身份特征，无论是在演播室的新闻播报，还是在新闻第一线报道，在不同的环境背景中，出镜者只有呈现出与播报环境相吻合的面部表情，才符合其职业形象，才能让受众认可。

（二）非语言传播对新闻出镜者面部表情的要求

1. 有意识

出镜者要意识到自己正在展现的非言语行为。比如，关注自己用身体、嗓音、面部表情和自我表现来做事。如果刚开始关注非语言行为有困难，应请人指出正在展现的非语言暗示。

2. 有目的

出镜者在非语言传播的使用方面要有目的或有策略地使用。有时，控制非语言传播的内容至关重要。如果播报的内容是劝说性的话语，那么在播报时就应该使用表明自信和可信度的非语言暗示。这些非语言暗示可以包括直接的目光接触、严肃的面部表情等。虽然对于非语言传播没有绝对的规定，但出镜者还是能够对希望传递的信息做出策略性选择。

3. 保持专注

出镜者一定要保证自己的非语言暗示不要偏离播报的信息。有时，出镜者在播报时没有意识到自己正在展现的非语言行为可能妨碍传播效果。坐立不安、眼神游离、表情紧张都会妨碍受众对出镜者播报信息的诠释。所以，在节目播报过程中使用非语言行为强化信息而不是偏离信息尤为重要。

4. 与传播信息相匹配

在出镜者进行播报时，出镜者要使自己的非语言传播匹配要播报的内容。当非语言信息与语言信息相抵触时，人们更有可能相信非语言信息。所以，出镜者使自己的语言传播和非语言传播相匹配至关重要。另外，各种不同的非语言传播行为的来源也要相匹配。如果播报悲伤的内容，那么，播报时的嗓音就会比较柔弱，也更缺乏表现力。出镜者应该避免通过微笑使脸部表情与嗓音相抵触。当受众收到不一致的信息时，会感到困惑。

5. 适应情境要求

出镜者应做到让自己的非语言行为适应情境的要求。情境在非语言行为的礼仪、人们的熟悉程度以及目的方面存在不同。正如出镜者在不同的新闻报道环境下会选择不同的语言一样，出镜者也应该让自己的非语言信息适应情境的要求。出镜者越能够有意识地使自己的非语言行为看上去适应情境的要求，就越会成为一名高效的传播者。

（三）电视新闻出镜者的自我职业角色认知

自我评价的高低，直接关系到一个人的自爱、自尊、自信等自我体验的产生，即决定一个人对于自我的态度。如果个体的自我评价与社会上其他人对自己的评价相差悬殊，个体与周围人之间的关系就会失去平衡，产生矛盾。随之而来的，这些内在矛盾差异会通过出镜者的面部表情呈现出来，即使可以保持正常出镜状态，一些微表情，如眼神瞬间的游离、嘴角的下垂等，都会通过摄像机让受众一览无余，直接透露出出镜者的真实心理状态。所以，出镜者要具备"对自己有充分的了解，并能恰当地评价自己的能力"。

面部表情是内心真实状态的直接反映，有时是可控的，有时是不可控的。主持人要随时保持与职业状态相符的面部表情，明确对自我的认知及角色定位。角色是人们为了满足感知的某个特定语境的需求而使用的一种习得的行为模式。通过与许多不同的人建立关系，我们以某种正在进行的方式来创造若干自我。所有人都在逐渐地修正和重新确立他们的公共角色。为了对不同的情境做出反应并在这个过程中改变我们自己，我们创造了不同的人物。我们在社会上通过扮演不同的角色来构建自己。

从角色理论看主持人的社会角色。角色期待是指就传媒而言，受众的关注与支持是主持人得以生存和发展的根基。角色扮演是指人们按照其特定的地位和所处的情境表现出来的行为。主持人通过展示自我来传播节目内容。主持人与演员的根本差异在于主持人以完善节目与自我形象为宗旨，演员则以塑造艺术形象为最终目的。出镜者的自我角色认知是其保持良好身心状态、展现最佳职业形象的根本所在。

中国新闻出镜者的职业角色代表的是媒体机构，是党和政府的形象。所以，出镜者对于自身定位一定要准确。为了保持自我概念和自尊的准确性，出镜者就要做到自我觉知的准确性以及如何处理他人对自我的觉知。自我监控是出镜者对情境的分析以及他人对其做出的反应，是观察和调节自己行为的内在过程。在演播室中，出镜者对于播报新闻内容的理解和准备——播出前通过镜子、监视器与征询专业人士的意见进行自我监控与调整是很有必要的，这样能保证在播出时其面部表情与播出内容的贴切到位。

在不可预知的新闻第一现场，出镜者要切身融入现场环境氛围，如在地震、台风等突发事件中，如果一个出镜者仍保持着精致妆容、时尚着装，以微笑淡定的演播室播报状态出镜，其表现与灾情现场毫无互动交集，这种割裂感会使受众产生强烈的违和感。没有在新闻现场了解和关注他人的反馈，缺少必要的自我监控和调整，这样构建的职业角色是残缺的。

鲍德里亚曾经分析出图像有四个发展阶段。

（1）是对某种基本真实的反映。

（2）掩盖和篡改某种基本真实。

（3）掩盖某种基本真实的缺场。

（4）与任何真实都没有关系，纯粹是自身的拟像。

在图像的发展过程中，媒体始终扮演着重要角色。从某种意义上说，主持人的面部表情作为呈现在电视上传递给受众的影像符号，也在日复一日、潜移默化地影响着受众。中国电视走过了 20 世纪 80 年代初期新闻播音员面部表情较为严肃单一的阶段，90 年代初期主持人集中爆发彰显风格的阶段，再到现在随着电视节目的多元化、类型化、差异化发展，进入了出镜者面部表情风格多样化的阶段。需要特别关注的是，电视新闻出镜者的表情系统不仅直接影响受众的信息判断与内容理解，更与未来电视传媒格局以及政治、人文、经济环境的演变形成双向互动关系。

政治、人文、经济环境的改变，多元受众的收视需求，传播观念的与时俱进要求出镜者在播报时要适时融入自身性格特点，呈现出更贴切、更丰富的职业表情。出镜者的内心真实程度决定其面部表情的自然生动性，只有不断提升自我修养，成为可信、有魅力的人，才能成为合格的出镜者。中国电视新闻出镜者面部表情系统应该是逐步从异化回归人性化的过程。伴随政治、人文、经济环境的不断改善，人们对现实生活的需要，以及对多层次精神生活的追求，中国电视出镜者的面部表情系统会不断朝着人性化、多元化的方向发展。

如何把握诗歌朗诵的情感基调
——以《面朝大海 春暖花开》为例

　　2012 年，我在北京大学攻读艺术硕士学位期间，有幸体验了北大艺术学院开放包容的课堂氛围。作为在校生，我们可以自由旁听任何自己感兴趣的课程。在完成本专业课程后，我常常查阅艺术学院的课表，随机选择一些教授的特色课程进行旁听。

　　一次偶然的机会，我旁听了时任北大艺术学院院长王一川教授为本科生开设的课程。那堂课上，王院长播放了中央电视台主持人集体朗诵的《面朝大海　春暖花开》的视频片段，随后组织学生展开讨论。我记得至少有三位同学先后发言，他们普遍认为中央电视台主持人对这首诗的理解和表达方式与诗歌的创作背景存在一定的偏差。当时，我对海子这首诗的理解尚停留在表面，仅从文字呈现的意象来看，中央电视台主持人朗诵的这首诗确实充满正能量，洋溢着积极向上的希望与力量。在聆听同学们发言的同时，我也特别关注王院长的反应。他始终保持着开放的态度，鼓励学生自由表达观点，并未直接介入讨论或表明个人立场。这堂课在热烈的讨论中结束，教授预告下节课将继续深入讲解。

笔者的校园时光

笔者毕业时与时任北京
大学艺术学院名誉院长
美学泰斗叶朗先生合影

笔者毕业时与时任
北京大学艺术学院院长
王一川先生合影

北京大学同学游学美国，在大都会
博物馆前合影留念（最上排左二是笔者）

笔者与时任北京大学艺术
学院教授朱青生夫妇合影

　　由于工作需要，我无法长期驻校听课，因此错过了后续的课程内容。然而这节开放式课堂引发的思考却在我心中久久萦绕。多年来，这首诗时常浮现在我的脑海中。随着对诗人海子生平及其作品的深入研究，随着观看更多朗诵者演绎的版本，随着个人生活阅历的不断丰富，我对这首诗的理解和朗诵基调的把握也日渐清晰。以下，我将以这首诗歌为例，系统梳理诗歌朗诵的准备与表达过程。

◎ 深入理解作者及作品背景

　　要准确把握一首诗歌的朗诵基调，首先必须对作者及其作品进行深入研究。《面朝大海　春暖花开》的作者海子（原名查海生），是中国当代最具影响力的诗人之一，毕业于北京大学法律系。海子的诗歌创作具有鲜明的浪漫主义特征，充满了对自然、生命和理想的热情讴歌。然而这位天才诗人的生命在 1989 年戛然而止，年仅 25 岁便在山海关附近选择以卧轨的方式结束了自己的生命。《面朝大海　春暖花开》创作于 1989 年 1 月，是海子生命最后阶段的代表作之一。诗中描绘了一个理想化的生活图景：面朝大海，春暖花开，喂马、劈柴，关心粮食和蔬菜，与亲人通信，祝福陌生人。这些意象既流露出对简单宁静生活的向往，又隐含着诗人对现实世界的疏离感和深刻孤独。

　　如果仅从文本层面阅读这首诗，再结合创作背景细细品味，或许能隐约感受到诗人复杂难言的情感世界。但要用朗诵的方式呈现这种既浪漫又孤独、既充满希冀又暗含绝望的复杂情感，朗诵者则面临更大的挑战。喜、怒、哀、乐等单一情感相对容易通过声音表现，而那种交织着单纯与复杂、明媚与阴霾的矛盾情绪，需要朗诵者具备更深刻的理解和更精准的表达能力。优秀的朗诵不仅需要朗诵者扎实的语言功底，更需要其对作品内涵有独到而深刻的领悟。

◎ 借鉴名家朗诵，深化作品理解

　　同一首诗歌，不同朗诵者的演绎会给听众带来截然不同的感受，即便是同一位朗诵者，在不同时期对同一作品的诠释也会有所差异。这种差异源于朗诵者对作品理解的不断深化，而最能打动听众的朗诵，往往要最贴近作品的精神内核。

我国著名朗诵艺术家徐涛先生曾多次在不同场合朗诵《面朝大海　春暖花开》，从青年时期一直演绎到两鬓斑白。对比徐涛先生不同时期的朗诵版本，可以清晰地感受到他对这首诗的理解与表达方式的演变。建议有兴趣的读者可以搜索观看，细细体会其中的精妙变化。

◎ 确立朗诵的情感基调

当朗诵者的声线与诗人的灵魂产生共振，文字便不再是平面的符号，而是立体鲜活的生命。《面朝大海　春暖花开》这首承载着海子终极追问的诗作，其情感基调恰似深海中的珍珠，既裹挟着潮汐的苍凉，又闪烁着贝壳的温润。要准确诠释这首诗的精神内核，需在悲悯与超脱的张力中寻找支点，在祝福与告别的旋涡里把握平衡。这首写于1989年1月13日的绝笔之作，在诗人卧轨自杀两个月前完成，字里行间凝结着20世纪80年代末知识分子的精神阵痛。海子用"从明天起"的递进式表达，构建起三重时空维度：对世俗幸福的想象性拥抱、对自然万物的温情凝视以及最终对精神孤岛的坚守。这种多维度情感交织，要求朗诵者必须建立立体化的解读视角。

海子在诗中构筑的乌托邦图景，实则是用理想主义的光环遮蔽现实的裂痕。"从明天起，做一个幸福的人"，这句看似充满希望的宣言，恰似黑暗中突然亮起的镁光灯，将诗人内心的挣扎暴露无遗。这种"明天"的延迟性表达，在诗歌史中形成独特的情感光谱：既包含对现状的不满，又暗含对改变可能性的希望。朗诵者需捕捉这种时空错位的荒诞感——当"喂马、劈柴"的烟火气与"周游世界"的浪漫想象并置时，字里行间流淌的并非纯粹的欢欣，而是理想与现实永恒对峙的苦涩。

在"愿你有情人终成眷属／愿你在尘世获得幸福"的祝福序列中，海子完成了从个体叙事到普世关怀的升华。这种祝福的递进式展开，暗合着儒家"老吾老以及人之老"的伦理延伸，却因诗人自身的生存困境而蒙上悲剧色彩。朗诵时应采用"渐弱式"处理：首句以清亮的音色托起祝福，随着诗句推进，音色逐渐沉淀为呢喃，仿佛这些祝福正被海浪卷向不可知的远方。这种由明转暗的音色变化，恰能映射诗人"近在咫尺却远隔天涯"的精神困境。

诗末"我只愿面朝大海，春暖花开"的自我独白，将全诗情感推向哲学高度。"只愿"二字犹如闸门，将此前所有对世俗幸福的想象封存在彼岸世界。这种决绝的姿态，在徐涛的朗诵版本中得到极致呈现——他通过逐渐收紧的喉部控制，让声音产生金属般的震颤感，最终在"春暖花开"处形成气声的消散，完美诠释了"坚守与逃离"的悖论。

要真正触摸诗歌的灵魂，朗诵者需完成三重身份转换：首先化身诗评家，解析"大海"与"春暖花开"的象征体系；继而成为心理分析师，剖开祝福话语背后的潜意识；最终以"逝者"身份完成终极告白。这种多维度的代入，要求朗诵者构建起立体的叙事空间。海子笔下的"大海"既是地理意象，更是精神隐喻，它承载着诗人对"母亲型客体"的永恒追寻——这个意象在诗人早期作品《亚洲铜》中已初现端倪，象征着孕育与吞噬的双重属性。

在处理"我有一所房子，面朝大海，春暖花开"这句时，可设计三重递进：第一遍以孩童般清澈的声线呈现表层的美好愿景；第二遍加入气声处理，让"只愿"二字蒙上薄雾般的惆怅；第三遍采用"耳语式"发声，将"大海"与"春暖花开"处理成渐行渐远的回声。这种层次分明的演绎，能精准传递诗人"清醒的沉醉"状态。李宇春的音乐版本为此提供了有益参考，她在副歌部分重复的"春暖花开"犹如海浪拍岸，通过力度渐强的弦乐编配，在循环中积蓄情感能量，最终在最高潮处戛然而止，形成开放式的审美空间。

徐涛先生在《鲁豫有约》中的朗诵之所以被奉为圭臬，在于他精准把握了诗中"向死而生"的哲学意蕴。其朗诵中特有的颗粒感嗓音，恰似海风掠过礁石的沙沙声，而恰到好处的停顿设计，则模拟出潮汐涨落的呼吸节奏。这种处理方式在"从明天起，关心粮食和蔬菜"处达到高潮——他通过延长"粮食"的闭口音，配合喉部轻微震颤，将物质关怀与精神困境的撕裂感具象化。年轻朗诵者若要参透其中精髓，需建立"三维聆听法"：一维听音色质感，捕捉徐涛版中特有的金属光泽与沙砾质感；二维听气息流动，分析其"声断气不断"的绵延技巧；三维听情感留白，领悟那些未言明的沉默时刻。

总之，要完美演绎这首诗歌，需要不断提升文学修养，深化情感体验，与诗歌产生强烈共鸣，再辅以良好的声音状态，最终实现声情并茂的艺术效果，准确传达诗歌的精神内核。

第三章　出镜篇

在人人都热衷手机美颜的年代，拍出好看的照片与视频似乎变得越来越简单。但专业的记者与主持人，他们站在摄像机前，不仅要展现自我，更需要传递信息、引导舆论。

他们该如何塑造出令人信服的职业形象，在镜头前展现出独特的魅力与专业素养？又该如何在日复一日的实践中，找到属于自己的专业镜头感呢？

"自然"出镜？你也行！
——记者出镜探讨

　　《两岸新新闻》是一档在厦门卫视播出的对台对外新闻栏目。2022 年至 2024 年，笔者在该栏目担任主播期间，曾给年轻记者们做过一次出镜业务培训。

　　都说模仿是最好的老师。对于年轻人来说，如果一开始找不准镜头感，不妨从模仿优秀的记者、主持人的镜头感开始。出镜是门学问，如同考试做题，也有套路和标准，越接近标准答案，越能得高分。

◎ 形神兼备之"形"

　　1. 服装造型

　　一个好的出镜记者，必须形神兼备。形，是指仪表仪容，包括服装造型、形体动作和面部表情。目前公认的形象甜美的出镜记者，莫过于中央电视台的王冰冰。王冰冰在不同场合的采访中，服装搭配都很得体。其中，王冰冰漫步吴哥窟，与柬埔寨小公主对话的那段视频就让人印象深刻。

新闻主播仪容仪表示例

①服装造型要得体
②形体动作要大方
③面部表情要自然

在新闻采访中，剪裁得体的西式套装是必备的，不同颜色的衬衣，也应该多备几件。作为一名外采记者，根据采访环境的不同，在外出采访之前，都要提前考虑好出镜服装。外出采访如果不是指定着装，或出席高端宴会，最好穿长裤，方便行动。

《两岸新新闻》栏目是厦门广电集团新闻采访部门的核心所在，在对台对外采访中，记者们不但要严守新闻纪律，也要根据出镜内容，对自己的服饰——这个最基本的出镜要求，有一定的审美与选择，包括出镜服装的颜色、款式等。台湾地区不同的党派有不同的代表色，作为对台对外新闻记者，出镜时尽量不要选择有争议倾向颜色的服装。

在日常采访中，黑色服装不太适合出镜，新闻中心一位男记者有次身穿一套黑色正装，在一个会议现场进行了一次报道。当时会议正在召开，他在现场报道的声音较小，再加上一身黑色服装，让人略感压抑。后来这位男记者开始注意穿着，在一次户外采访中，他穿了一件清爽的淡蓝色衬衣出镜，与现场的环境就很和谐。

2. 出镜准备

在出镜准备工作中，除了得体的服饰外，自然得体的妆容同样至关重要。首先，发型的选择应以符合脸型特征、便于打理为原则。建议提前确定一款既适合个人气质又易于打理的发型，确保在出镜前能够快速完成造型整理。基础化妆品如粉底、口红等应随身携带，以备不时之需。

1 熟练运用口红、粉底等化妆道具

2 找好发型师，随时出镜不凌乱

3 穿舒适的运动鞋、中跟鞋

4 随身准备小杯水

日常采访时主持人出镜准备tips

3. 出镜忌讳

然而，需要特别注意的是，某些配饰在特定场合使用可能会产生负面效果。例如，曾有女记者在炎炎夏日佩戴墨镜、手持遮阳伞采访环卫工人，节目播出后因与被采访对象形象反差过大而引发舆论批评。同理，在进行基层采访时，记者的着装打扮应当与采访环境相协调，避免产生明显的形象反差，这样才能更好地融入采访情境，展现专业素养。

值得一提的是，最动人的妆容并非来自化妆品，而是自然的表情和真诚的微笑。微笑无须任何成本，却能产生不可估量的传播价值。真正的微笑应当发自内心，而非刻意为之。说到最具感染力的笑容，央视主持人王冰冰堪称典范——她那自然亲切、富有感染力的微笑，已经成为其个人形象的鲜明标识，深得观众喜爱。

1 忌墨镜、名包、遮阳伞
2 不穿不符合自身职业的服装
3 涉及敏感信息要字斟句酌

户外采访注意事项

4. 现场采访设计

厦门作为国内会展经济的重要城市，每年承办众多具有影响力的专业展会。要完成一场高质量的展会采访报道，需要将前期策划与现场应变有机结合。在此，笔者结合具体案例，探讨展会采访的专业技巧。

在一次《午间新闻广场》的演播室主持人与展会记者的直播连线中，当时连线记者的采访路线设计很不理想，她选择了一条人流稀少的大厅通道作为行进路线，在长达十几秒的行走过程中未能传递有效信息，直到抵达目标展位才开始正式采访。虽然最终完成了直播任务，但这样的处理方式显然存在三个问题：一是行进路线选择不当，未能展现展会氛围；二是时间控制欠佳，造成信息空白；三是节奏把握失衡，影响观众的观感。

针对此类情况，建议借鉴"一镜到底"的影视拍摄理念来设计采访路线。具体而言，应当把握以下要点：首先，行进路线要经过精心规划，确保能够充分展现展会特色；其次，时间节奏要精确控制，最好每 3~5 秒就有一个信息节点，这些节点可以是展品介绍、现场体验、专家访谈或记者观察等多种形式；最后，要注重信息传递的连贯性与丰富性，使整个采访过程既流畅自然又内容充实。

这一案例启示我们：优质的展会采访需要做到"三个结合"——前期设计与现场执行的结合、信息密度与节奏控制的结合、专业视角与观众需求的结合。只有把握好这些关键要素，才能制作出既有专业深度又具观赏价值的展会报道。

现场采访要点

① **善观察，多提问**
眼观六路，耳听八方，善于捕捉各种相关信息，丰富采访内容

② **融进去，动起来**
设计合适的采访路线，展示环节，争取一镜到底

③ **站在观众视角**
增加观众的沉浸感，让观众有身临其境的感觉

◎ 形神兼备之"神"

说完了"形"，再来说形神兼备中的"神"，是指要神采奕奕。采访者要拥有良好健康的身心状态，在采访中要有真情实感，具备"说到点子上"的能力，也就是画龙点睛的能力。

新闻主播时刻关注神态

神采奕奕的秘诀

良好健康的身心状态，提升真情实感"说到点子上"的能力

1. 眼神——镜头感的核心所在

眼睛是心灵的窗户。孟子说："观察一个人，最好莫过于观察他的眼睛。因为眼睛掩盖不了一个人内心的丑恶。心地光明正大，眼睛就会明亮；心地不光明正大，眼睛就灰暗无神。听一个人讲话的时候，注意观察他的眼神，这个人（的美与丑）怎么能够隐匿起来呢？"在采访时，记者的眼神能直接表达出精气神，如果眼睛近视，最好佩戴合适的隐形眼镜。关于镜头感的训练，平时可多用手机进行自我拍摄，观察自己的眼神和出镜表情，找到最佳状态。

眼神是镜头感核心所在

眼睛是心灵之窗

孟子曰："存乎人者，莫良于眸子。眸子不能掩其恶。胸中正，则眸子了焉；胸中不正，则眸子眊焉。听其言也，观其眸子，人焉廋哉？"

2. 如何保持出镜时的良好状态

出镜前如何放松身心，把自己调整到最佳状态，有几点建议，其中之一是呼吸。呼吸的真正作用，是让自己的思想专注在一呼一吸间，无论呼气还是吸气，都只想着这一呼一吸，就能即刻放下纷杂紧张的思绪，使自己即刻平静专注下来。

提到养精蓄锐，不得不提厦门广电集团的首席主播丁江老师，他经常会利用直播前在化妆间化妆的零碎时间闭目养神，哪怕几分钟，也能进入休息状态。丁江老师是厦门广电集团的常青树，至今依然在集团直播时长最长的 50 分钟直播栏目担任主播。

在出镜工作中，专业形象的塑造不仅在于外在修饰，更在于内在专业素养与真诚态度的自然流露。只有内外兼修，善于调整身心状态，才能塑造出既专业又亲和的媒体人形象。

1 **专注呼吸**

建议静下心来深呼吸，在一呼一吸之间，将注意力集中在当下，从而过滤掉杂乱的思绪。这有助于平静心情，减轻焦虑和压力

2 **心理暗示**

提前给自己加油打气，以积极的心态面对挑战，全力以赴，不留遗憾。积极的自我暗示能够增强自信心，激发内在动力

3 **养精蓄锐**

提议尽量抽空闭眼休息几分钟，让大脑放空，并在脑海中提前预演即将进行的活动，哪怕只是短暂的两分钟。这有助于恢复精力，提高应对能力，做到"临阵磨枪，不快也光"

深呼吸，放松心情

什么是现场感，该如何把握？
——以台风天记者出镜为例

记者出镜时的"现场感"是新闻报道的灵魂，它能让观众身临其境，增强信息的真实性和感染力。要把握现场感，需从语言表达、肢体语言、环境利用、情感传递四个维度精准发力。以下是具体策略与实操技巧。

◎ 语言表达：让镜头"长出眼睛"

1. 细节具象化

避免抽象概括，用感官语言描述现场。

普通表达："现场一片混乱。"

精准描述："我身后的警戒线外，还能听到玻璃碎裂的噼啪声，空气里飘着焦煳味，消防水枪喷出的水雾打在我的外套上。"

技巧：调动视觉、听觉、触觉甚至嗅觉，用"五感"还原场景。

2. 动态时间轴

使用进行时态强化即时性。

普通表达："今天上午这里发生了火灾。"

精准描述："就在我说话时，消防员正用液压钳切开变形的车门，被困司机刚刚被解救出来！"

技巧：用"此刻""正在""刚刚"等时间词制造紧迫感。

3. 数据场景化

将数字转化为可感知的参照物。

普通表达："降雨量达 200 毫米。"

精准描述："这里雨非常大，积水的深度已经没过了我的膝盖。"

◎ 肢体语言：用身体"说话"

1. 指向性动作

手势引导观众视线。

侧身指向爆炸点："浓烟是从三楼这个窗口涌出的。"

蹲下触摸地面裂缝："裂缝宽度足够塞进我的三根手指。"

禁忌：避免无意义地挥手或僵硬地站立。

2. 环境互动

让身体成为现场的一部分。

暴雨中不撑伞，让雨水打湿头发："风力太强，雨伞已经被吹坏三把。"

触摸烧焦的树干："树皮一捏就碎，可见火场温度超过 800℃。"

技巧：在保证自身安全的前提下，适度让身体接触现场元素。

3. 移动路线设计

边走边说营造探索感。

"跟我穿过这条被泥石流冲毁的村道，前面就是临时安置点。"

禁忌：避免无目的来回踱步或遮挡关键画面。

◎ 环境利用：把现场变成"第二主播"

1. 背景元素激活

让现场声画参与叙事。

救护车鸣笛时他暂停说话，侧耳倾听后解释："这是今晚第 12 辆转运伤者的救护车。"

狂风呼啸时提高音量："我现在必须抓住栏杆才能站稳！"

技巧：提前预判现场声音高峰，与摄像师约定手势信号。

2. 道具符号化

用现场物品传递隐喻信息。

举起破损的儿童书包："这个书包的主人刚刚被送上了救护车。"

展示浸水的结婚照："洪水带走了家具，但冲不毁这对夫妻 30 年的回忆。"

禁忌：不得移动或破坏现场关键证据。

◎ 情感传递：理性与感性的平衡

1. 微表情管理

突发灾难现场。

眉头微蹙、语调低沉，但眼神坚定："救援仍在继续，我们不会放弃。"

民生喜讯报道。

自然微笑、语速轻快地说："阿婆终于拿到了迟到十年的房产证。"

禁忌：避免夸张的悲痛或刻意的欢快。

2. 观点介入尺度

客观事件。

保持中立："双方对峙已持续 5 小时，目前并未造成人员伤亡。"

人道主义场景。

适度情感流露："这个获救婴儿的哭声，是今夜最让人心碎也最充满希望的声音。"

红线：不得发表带有个人政治倾向或未经核实的言论。

◎ 技术加持：设备为现场感服务

1. 镜头设计

全景镜头：展示记者与环境的比例关系（如洪水中的孤立身影）。

特写镜头：捕捉记者手中的现场物品或记者面部微表情。

协作要点：提前与摄像师沟通机位移动路线。

2. 穿戴设备

执法记录仪：第一视角呈现冲突现场（需警方许可）。

防水麦克风：暴雨、火灾现场也能保证收音清晰。

创新案例：使用 AR 眼镜实时标注现场数据（如温度、污染物浓度等）。

经典案例解析

央视记者蒋林的汶川地震报道：

站在震塌的教学楼废墟前，他的声音沙哑却稳定："我脚下的预制板还在晃动，但战士们已经连续挖掘了 17 个小时。"

凤凰卫视闾丘露薇的阿富汗战地报道：

匍匐通过交火区时，她压低嗓音说："子弹就在我们头顶飞过，必须把身体贴紧地面。"

现场感禁区

（1）表演型报道：刻意设计"危险动作"或虚构场景细节。

（2）信息过载：堆砌杂乱的背景声画，干扰核心信息的传递。

（3）情感绑架：用煽情音乐或剪辑手段扭曲事实。

现场感不是"演"出来的，而是记者凭借深厚的专业素养，化身新闻现场的敏锐感知者，精准捕捉物理环境中的每一处细节，深切体悟现场涌动的情感暗流，并将这一切原汁原味地传递给观众。报道抵达的最高境界，是让观众忘却镜头的存在，仿佛透过记者的视角，亲自置身于新闻现场。

《两岸新新闻》记者王鑫玮在驻台采访时，有一次遇到台风登陆中国台湾地区，他第一时间赶到台风登陆地点报道。

尽管王鑫玮做好了各种充足的准备，但在户外出镜时，由于风大雨大，摄影机进水出现故障，必须更换一台摄影机才能完成现场采访。

在历经波折后，记者成功完成了采访，画面也顺利传回。回看王鑫玮的出镜报道，现场感十足，让人仿佛身临其境。那一次，在大风大雨天，王鑫玮报道台风动态的声音顺畅中略带急迫。在台风天遇到意外，还要回传内容到厦门，赶上当晚的直播节目，他那时的心情和状态可想而知，和台风天应景。

紧张源于对完美的追求，而即兴的魅力在于人性的真实[1]。特殊天气状况下、突发事件中的情感状态越真实越自然，甚至情绪有点过都可以理解，甚至更能衬托现场的紧急气氛，但若在现场没有意外的正常情况下，因为情绪紧张和不自信，报道往往会不自然。记得有位新人记者曾在一次夜晚电力发电的现场报道中，声音发抖、发紧，这都是内心紧张的表现。虽然按部就班完成了报道，但受众观看时，这种无形的情绪会直接传递出去。经验是慢慢积累起来的，谁都不可能一上来出镜就很完美。后来，再看这位记者的采访，就越来越好了。

暴雨中出镜tips

1　准备措施

需熟悉台风登陆的具体时间，以及登陆当天的潮汐变化时间，以便准确预测台风可能带来的影响，并提前做好充分的准备。

要深入了解城市的建筑历史，特别是易涝区域，这有助于评估台风可能带来的风险，从而制定出更为精准的应对措施。

了解至少8级及以上台风相应的风力影响情形，并模拟不同风力条件下的采访场景，设计出适应不同等级大风大雨环境的采访预案，以确保采访活动的安全进行。

---

[1]朱迪思·汉弗莱：《即兴演讲——掌控人生关键时刻》，珂清，王克平译，人民邮电出版社，2022年。

② 探讨问题

在大风大雨的恶劣天气下，我们是否一定要冒险进入风雨中进行采访？这引发了关于在极端天气条件下进行现场采访的伦理和安全性的深入思考。

如何根据实际情况，灵活且合理地安排台风天的现场连线报道？这关乎在台风期间如何确保现场连线的合理性和安全性。

在恶劣的天气条件下，我们如何有效地传递现场信息？这探讨了如何在确保人员安全的前提下，保证信息的准确性和及时传递。

厦门，这座美丽的沿海城市，每年台风季都如同一场严峻的大考，全方位检验着当地媒体的应急报道能力。抗击台风，恰似一场人与自然激烈交锋的博弈，而厦门广电的同人们始终以专业之姿从容应对。他们提前周密部署、科学严谨防范，并开展全方位的直播报道，将每一次台风报道都当作一场必须全力以赴、必须打赢的战役。

关于台风报道的方式方法，无疑值得业界同人深入探讨与交流。以记者王鑫玮在台风天的采访为例，此类报道虽是记者的必修课，但报道形式仍有进一步优化的空间。我们不禁要思考：记者是否非得置身于狂风暴雨的险境之中，如何才能让观众真切地感受到现场的紧张与震撼？又该如何在确保安全的前提下，实现科学、理性且有效的现场信息传递呢？针对这些问题，建议从以下几个维度着手提升。

首先，强化前期信息储备工作。这包括制作台风等级科普短片，以生动直观的方式向观众普及台风知识；梳理城市易涝点分布图，为市民提供实用的防灾参考；分析台风登陆与潮汐之间的复杂关系，帮助观众更好地理解台风可能带来的影响。这些专业内容的准备，要求记者平时就与气象、城建等部门的专家保持紧密联系，建立长效且稳定的学习机制，不断提升自身的知识储备和专业素养。

其次，创新现场呈现方式。在确保记者人身安全绝对有保障的前提下，可采用科学直观的方法来展现风力强度。例如，在安全区域通过纸片、气球等常见物品，模拟并演示不同风力等级下物体的运动状态，让观众对风力有更直观、更清晰的认识。这种创新的呈现方式，既能增强报道的趣味性和吸引力，又能让观众更准确地理解台风的相关信息。

最后，注重报道的专业性与人文关怀。在追求报道效果的过程中，要坚决避免为追求视觉冲击力而让记者冒险进入危险区域。台风报道不仅要传递准确的信息，更要体现对受灾群众的关怀和对生命的尊重，让观众在感受到台风威力的同时，也能感受到媒体的温暖与担当。

在专业素养培养方面，建议从业者广泛研习优秀记者的采访案例与自传，从中汲取应对突发状况的宝贵经验；同时观摩相关职业题材影视作品中的经典场景，学习其中的沟通技巧、叙事方法和应急处理能力。这些素材就像一座座宝库，蕴含着无数应对复杂情况的成功经验，值得每一位记者深入学习与借鉴。

值得一提的是，在笔者开展了这次记者出镜业务培训后，《两岸新新闻》栏目的记者们在直播连线中的业务水平有了显著提升。他们的表达更加自然流畅，对现场情况的把握更加精准，能够及时、有效地传递重要信息。

多年来，厦门广电集团通过建立常态化直播机制，为年轻记者们提供了大量宝贵的实践机会。年轻记者们在一次次的实践中不断积累经验、提升能力，逐渐成长为能够独当一面的新闻工作者。经过持续的历练，新闻中心记者团队不仅出色地完成了年度重大直播任务，更在多次海外大型报道中展现了卓越的专业水准，彰显了厦门广电强大的新闻报道实力与品牌影响力。

大型活动现场的采访技巧探讨

——启发于巴黎奥运会上关于记者采访奥运冠军引发争议的话题

巴黎奥运会期间，全红婵、潘展乐等奥运冠军的采访视频引发广泛关注，同时引发了业界对"何为优质现场采访"的深入探讨。在诸多讨论中，存在两种对立观点：部分观众认为记者提问缺乏深度，而另一些观众则认为运动员配合度不足。实际上，一次成功的现场采访是专业素养与机遇把握的完美结合，需要天时、地利、人和等多重因素共同作用。

◎ 采访时机

从采访时机来看，最佳采访窗口期通常有两个：一是运动员刚结束比赛仍处于兴奋状态时，此时他们往往最具表达欲望；二是在专门组织的记者会上，运动员已做好心理准备。随着时间的推移，当运动员离开赛场进入疲惫状态后，临时采访的效果就会大打折扣。当然，若记者能提出极具吸引力或专业深度的问题，仍可能获得精彩回答，但这更多依赖于偶然因素。

◎ 采访礼仪

在采访礼仪方面，对奥运冠军的称谓问题值得重视。虽然全红婵、潘展乐等 00 后运动员年轻有为，但作为为国争光的冠军，在正式采访中应当保持应有的尊重。"乐乐""小红"等昵称虽显亲切，却不太适合正式采访场合。即便采访双方私交甚笃，过于随意的称呼和肢体语言也容易让观众对采访的专业性产生质疑。

◎ 采访问题

采访问题的质量是决定成败的核心要素。优秀的提问需要记者做足功课，兼具专业性、体验性和观察能力。巴黎奥运会中，TVB 记者方力申的采访获得广泛好评。凭借其专业游泳运动员背景，方力申在潘展乐比赛结束后及时提出三个层次的问题：既探讨奖牌对于个人和国家的意义，也询问预赛排名靠后的原因，还涉及水池深浅对成绩的影响。其"飞鱼"的称呼既专业又不失亲切，整个采访过程流畅自然。

◎ 成功案例

新华社记者对全红婵和陈芋汐的采访同样令人印象深刻。记者以自身体验为引，坦言站在十米跳台上的恐惧，意外获得两位冠军"我们也会害怕"的真诚回应。这一巧妙提问不仅拉近了与采访对象的距离，更让观众看到奥运冠军作为普通人的一面，随后自然过渡到"如何克服恐惧"的深度话题。

重大赛事采访犹如一场专业竞技，记者需要具备三重素养：其一，要对采访领域有深入透彻的了解，唯有如此，才能在面对专业问题时做到心中有数、应对自如；其二，要精准把握采访时机，犹如技艺精湛的猎手，能在合适的时刻迅速出击，捕捉到最具价值的瞬间；其三，要娴熟地运用提问技巧，以巧妙的问题引导采访对象，挖掘出深层次、有看点的内容。只有同时具备这三大素质，记者才能创作出既赢得同行高度认可，又深受观众喜爱的采访佳作。

专业、真诚且适度的采访姿态，无疑是赢得采访对象积极配合与观众广泛认可的关键。专业，让记者在采访中展现出扎实的功底和敏锐的洞察力；真诚，如同桥梁，拉近了记者与采访对象之间的距离，让交流更加顺畅自然；适度，则避免了过度追问或冒犯，使采访在和谐融洽的氛围中进行。

电视主播口误及纠正

网络上曾热传的"央视主播出错集锦"引发观众的关注。电视主播口误集锦成为受众关注的热点，也引发了业内人士对电视主播直播口误问题的探讨。什么是口误？口误可以完全避免吗？怎样才能最大限度地减少口误？本节将站在神经语言学的角度，试析电视直播过程中电视主播的口误现象。

口误是因疏忽而说错的话或念错的字[①]。电视节目中，受众偶尔会遇到主持人或播音员吐字发音不准、语意表述出错的情形，这都属于口误的范畴。口误会影响主持人在受众心目中的形象，减少信息的有效传递，削弱媒体的权威性。怎样避免或减少口误，对主持人或播音员来说很有必要。

关于口误的研究，国外从公元8世纪就开创了口误研究的先河，其后的国外研究者们以德语、英语等母语为基础，从心理学、语言学等多角度对口误进行解释、分类及对其研究方法的理论进行分析。国内关于论述口误的文章有1990年张宁的《语言研究与口误》、2013年李婷婷的《汉语口误的语用研究——以电视直播节目中的口误为例》及2014年刘安祺的《央视主持人口误的心理语言学分析》，笔者查阅到的这一时间段国内关于主持人"口误"的论文，对口误的成因、现象及补救机制进行过探讨及论述。

基于前者的研究，本人以已经出现过的电视直播栏目播音员、主持人口误为例，试用神经认知语言学理论对主持人口误进行分析并提出预警纠错方法。

---

①中国社会科学院语言研究所词典编辑室：《现代汉语词典（第7版）》，商务印书馆，2016年，第751页。

◎ 从神经语言学层面分析主持人口误

神经语言学的一个重要特征是，它将语言系统看作一个由若干层次联通而成的关系网络。层次也就是关系网络中的一些局部网络，是语言系统中的一些子系统。从大脑功能区和语言现象的角度出发，语言系统都应该有相应的三个层次：概念层系统、语法层系统、语音层系统。语言系统的表达层面有语法层系统和语音层系统，它们和概念层系统一起组成三个层面的关系系统。这三个系统若出现错误，就容易造成口误。其体现方式可以有两种：语法体现和语音体现[①]。

（一）语法层系统口误

语法体现可以有句法排序体现和功能词汇体现[②]。

1. 句法逻辑错误

其典型特征就是语无伦次。比如，有的节目快要播出了，而播音员却说："如果您对我们的节目有什么意见。"明明是"国务院总理会见美国高盛公司总经理"，却念成"国务院总经理"。而出镜者出错后的反应也不尽相同。一旦出错，有的新闻主播也会在新闻节目中刻意逃避掩饰，不重复正确的内容，或者说"对不起"等抱歉性话语来弥补错误。轻则语速过快，重则语无伦次。这些错误表面上都属于语法和逻辑的错误。

思维涉及各种符号系统的表达，如视觉、听觉等。在思维过程中，我们随时可以获得各种外部信息作为输入，这些外部信息都将参与思维[③]。有一些错误可能是由于稿件本身就有没被审查出来的错误，或者是加入了临时的环节，但是大脑仍然有看提词器照本宣科的惯性。比如，即使出镜者在播报的过程中意识到了稿件错误，但仍有可能按照眼睛第一时间接收到的文字信息进行处理。这是因为大脑第一时间把文字稿件转化为语言的速度，往往要快于大脑对这一

[①]程琪龙：《神经语言学——语言的神经认知基础》，外语教学与研究出版社，2001年，第203页。
[②]程琪龙：《神经语言学——语言的神经认知基础》，外语教学与研究出版社，2001年，第204页。
[③]程琪龙：《神经语言学——语言的神经认知基础》，外语教学与研究出版社，2001年，第122页。

错误反应纠正再组织语言表述出来的速度。

2. 功能词汇错误

有的主持人因为不了解一些人名、地名或术语，而产生概念认知上的歧义而念错，应属于概念层系统错误导致的口误。

每个主持人因为性别差异、认知差异、理解差异，会对有些常识敏感度高，有些常识敏感度低。比如，有的主持人理性思维较好，对数字极为敏感，那么在关于财经新闻等关乎数字的新闻的直播过程中出错率较低。而对数字极不敏感的主持人遇到类似内容时，则容易出错，甚至对自己的错误浑然不觉。这种无意识的错误有相当部分是自己知识结构不全面、出现一些盲点造成的。比如，像"B2C、O2O""天姥（mǔ）山"这样的术语或约定俗成的地名，出镜者如果概念认知一开始就出现偏差，则出错是必然的。但凡涉及出镜者不熟悉的领域时，这种无意识的错误就容易增多。比如，新闻主持人涉及体育类新闻报道时，若是对相关常识不熟悉，则出错概率会比正常播报新闻时高。

（二）语音层系统口误

语音体现包括概念和语音之间的义音体现、语词和语音之间的语音体现。

1. 概念和语音之间的语音口误

具体分析，出镜者说错话，可能归咎于某一部分语言系统的能力偏差，但语言概念层系统与语法层系统、语音层系统互相联系而不能绝对分割。例如，"中央电视台"和"中央气象台"在大脑中可能储存于临近的位置，如果注意力分散，原本应该提取"中央电视台"就有可能会变成"中央气象台"。由此可以推断，最容易出错的恐怕是体育节目主持人。因为他们大多主持现场直播的体育赛事，一方面赛事种类繁多，参赛人员众多；另一方面比赛现场变数大，尤其竞技类比赛，需要眼、脑、嘴、手快速准确配合才能把比赛主持好，如果没有高度集中的注意力，对眼、脑、手进行良好的监控协调，出现口误在所难免。

有时候，一些可能避免的错误却避免不了，或者说绕不过去，这种错误往往会出现在最熟悉或最陌生的环节。在节目的临时新增环节中，如果演练预估不够、概念不清，语音传达就容易出错。

2. 语词和语音之间的口误

有的播音员把"好逸恶劳"中的"好"字的四声念成二声，类似的发音不准应属于语音层系统协调错误导致的口误。

◎ 预警及纠错方法

语言信息的加工是在大脑中进行的。例如，一位发话者想把"厦门冬天很暖和"这一感受告诉受话者，首先在大脑中要有"厦门冬天很暖和"这一概念信息。然后他的大脑根据概念指挥发音器官发出相应的语音串。语音串通过空气传播到受话者，被他的听觉器官接收，并在大脑中加工成概念信息。人际语言信息交流过程不仅是从发话者发音器官到受话者听音器官的过程，更重要的是，交流必须包括发话者将概念信息赋予语音载体的过程以及受话者将语音处理成概念信息的过程[①]。主播的语言表达是以让受众听明白为前提，才能达到有效传播的目的。这不是不动脑筋的照本宣科，而是大脑对概念信息内化理解后的准确表达。要避免出错，将概念信息内化，就要调动一切方法来加强认知理解。

1. 提前演练

作为播音主持，即使时间仓促，也切记要背稿至少 3 遍，让稿件内容深植脑海，确保吐字成风。另外，提前与直播连线的各个环节沟通至关重要，这有助于主持人了解流程、明确节点，做到心里有底。主持人一定要多花时间熟悉背景内容，尤其是那些自己不熟悉的领域常识，拓宽知识边界。只有做足这些功课，我们方能在直播时对答如流，减少口误，为观众呈现一场专业流畅的直播盛宴。

[①]程琪龙：《神经语言学——语言的神经认知基础》，外语教学与研究出版社，2001年，第37—38页。

2. 控时训练

作为播音主持，要想在直播中不出错又不露痕迹地结束节目，关键在于具备精准的时间概念和灵活的语言调节能力。在直播前，主持人需对稿件进行深入理解，制定多种预案。同时，提前预估节目结束时间，通过日常练习计算不同语速下每分钟的播报字数，以此为依据，根据节目时长需求，灵活调整稿件内容，将其精练或延展为自己的语言风格，在准确传达信息的基础上，自然流畅地引导节目走向圆满结束。

3. 点钞原则

银行工作人员进行真假币甄别训练时，只让工作人员接触真人民币，这样一旦他们经手假币时，因为与平时训练时真币的手感不同，就能立即辨别出钱币的真假。主持人应如银行工作人员一般，在训练与实践中，专注于真币般的正确读法。从初次接触稿件到正式播报，都要树立正确的播报观念，对标准发音、语调与语速反复打磨。将正确读法深植于脑海，形成肌肉记忆。当面对生僻字、多音字或突发状况时，因心中有正确标准，便能迅速辨别偏差，及时调整，避免错误。

4. 临时补救

在直播中，主持人常会遇到需播报重点地名、人名、数字等信息的情况，一旦出错，唯一的纠错方法是重复正确内容。比如，将"北京市朝（cháo）阳区"错读为"北京市朝（zhāo）阳区"，后续可自然重复正确表述。这一技巧在严肃新闻播报中尤为重要，能维护新闻的严谨性与主持人的专业形象。

直播前，主持人需熟悉稿件，形成自己的理解，但现场可能因紧张等原因与稿件内容有出入。此时，可在不违背内容主旨的前提下，用自己的语言重新组织表述。例如，原稿的"该产品自2023年1月上市以来，销量突破100万件"被误读为"2023年10月"，后续可补充"自上市至今近一年，销量持续攀升，突破百万大关"，巧妙纠正错误。

这要求主持人具备扎实的语言功底和较强的应变能力，能迅速察觉错误并用不同句式表达相同的意思。同时，要培养良好的心理素质，面对错误要保持冷静，避免更多失误。日常可通过模拟直播练习，故意设置错误场景来强化纠错和调整能力，还可提升知识储备，熟悉各类信息，以便在遇到陌生内容时迅速反应，减少错误发生。总之，主持人要在直播中确保内容准确流畅，为观众呈现高质量的节目。

5. 科学调班

在现代社会运行中，飞机场调度员拥有严格的休息安排制度，一旦调度出错，可能会导致航班延误甚至机毁人亡的重大事故，因此调度员在工作期间要严格执行换班休息制度，以确保能够始终保持高度的专注力和清晰的判断力，执行精确的调度任务。这种模式对直播主持人的排班安排具有重要的借鉴意义。

在直播过程中，主持人出错的影响不可忽视，它不仅可能影响节目质量，还可能造成不良的社会影响。除了自身的专业素养和临场发挥能力外，很多情形是源于无法言说的身心疲惫或不合理的工作安排。长时间高强度的直播工作，容易使主持人出现疲劳、注意力不集中、反应迟钝等问题，从而增加出错的风险。

为了保障直播工作的准确率和质量，合理安排主持人的工作时间显得尤为必要。这意味着在制订排班计划时，应充分考虑主持人的工作负荷和休息需求，避免让他们长时间连续工作。同时，要根据节目的特点和时长，合理安排不同主持人的工作时间和休息间隔，确保他们在直播过程中始终以饱满的精神状态和良好的身体状况投入工作。

此外，这种合理的工作安排也有助于提高主持人的工作效率和创造力。当他们得到充分的休息和调整时，能够更加专注地投入直播工作，更好地发挥自己的专业能力，提升节目的整体水平。

主持人究竟能否完全杜绝口误呢？或许在一场节目中，主持人能够做到表达行云流水，全程不出现任何口误。然而，若将目光放至整个主持生涯，口误其实是在所难免的。这是由主持人作为"人"的本质属性所决定的。主持人并非毫无情感的播报机器，他们有着丰富的心理活动和起伏的情绪变化。生理上的差异，如身体疲劳、健康状况不佳；心理上的波动，如赛前紧张、临场压力；情绪上的起伏，涵盖喜悦、焦虑等，都会对主持人的播报状态产生影响，使其状态如同潮水般起伏不定。

那么，主持人该如何尽可能地达到不出现口误的最佳播报状态呢？这就需要他们有意识地进行全方位的训练与调整。首先，开展体能训练，强健体魄，为长时间、高强度的主持工作提供坚实的身体基础。其次，进行心智训练，提升专注力、应变能力和情绪管理能力，以便更好地应对各种突发状况。最后，合理安排工作与休息时间，劳逸结合，让身心得到充分的放松与恢复，从而达到最佳的身心状态。

第四章　即兴表达篇

　　对于一名专业主持人来说，照本宣科是远远不够的，需要有良好的应变能力，能在节目中随时即兴点评，为节目增光添彩。很多新人在正式的直播节目中过于拘谨，怕说错，不敢说，或越说越错，连准备好的稿件读起来都声音发抖，难以保证自然流畅，更别提即兴发挥了。那么，即兴点评的能力是与生俱来的，还是通过训练可以提升的呢？

即兴表达的天花板级PK
——回顾齐聚主持界"F4"的那届金鹰节高光时刻

一位优秀的主持人应该是什么样的？每个人都有自己的答案。大部分人喜欢的主持人，都具有人格魅力，学识渊博，口才极佳。

有些主持人大脑储备量惊人，做节目张嘴就来，实属凤毛麟角。我们要清醒地认识到，人与人之间的大脑是有差距的，普通人要想练习口才，成为优秀的主持人，不必刻意以这些天才为标杆，因为无法企及而失去即兴表达的动力。在正确认识自己的基础上，勤加学习，善于训练，就能不断提升自己的即兴表达能力。

让我们去 2014 年金鹰节开幕式现场，回味一场让人难忘的主持人即兴主持 PK。这一届金鹰节开幕式集齐了汪涵、何炅、撒贝宁和华少四大名嘴，他们号称主持界的"F4"。四位主持人风格各异，从现场自我介绍到开盲盒即兴说一段与金鹰节有关的话，每位主持人的表现都可圈可点。

几位主持人的即兴话语，我们不能完全复制，但通过分析他们的语言表达过程，可以推导出他们的头脑风暴回路，也就是他们的应变反应过程。比如，华少打开盒子时，看到的是仙人掌，他立刻提炼出两个关键词：坚强与希望，用这两个词围绕着金鹰节展开表述。撒贝宁打开盒子看到了一只活小鸭，虽然吓了一跳，但他很快镇定下来，脱口而出："别看它现在是只小鸭，长大后就是只金鹰。"撒贝宁采用的是类比法。何炅抽到的是筷子，他由筷子的特性，联想到一根筷子与一把筷子的力量是不同的，引申到电视同行要多团结交流，多出精品，让观众受益，要感谢金鹰节，凝聚了众多电视同人，把筷子送给第十届金鹰节。何炅老师采用的是联想法。

其他主持人都有实物可表述，但当汪涵打开盒子时，里面什么都没有，他要无中生有地来一段即兴发挥。汪涵首先表达了自己看到空盒子的第一感受，然后整理思路从老子《道德经》的"有是万物之所始，无是万物之所母"切题，说道：十届金鹰节，我们有太多太多的骄傲，但是我们要把"有"紧紧地放在心里，这个骄傲紧紧地放在心里。之后又用刚才三位主持人所打开的盒子中的物品，通过筷子、仙人掌和鸭子表达了对电视媒体与新媒体融合发展的看法，既展现了电视人的坚守情怀，也展望了未来的媒体融合之路。现在回看，这段话依然很有前瞻性。他的话，不但表达了整个活动的内涵，也对未来电视发展状况做了理性展望。这段即兴点评，汪涵一开始先结合现场环境表达真实感受，在通过环境表述心情时，他迅速梳理自己的思路，接着展开了一段关于电视人的情怀与坚守、电视融合与发展之路意义深刻的主持语。

如果说前三位主持人的即兴发挥有法可循，那么汪涵"无中生有"的这段话，主要靠平时的知识储备。知识学习与灵活运用不可能一蹴而就，需要日积月累、厚积薄发。显然，汪涵一方面对古文经典、文学诗歌等知识的储备丰厚，另一方面也从未停止过对电视业务的学习、对行业发展前景的思考。

近年来，在一些主持人大赛上，主持人即兴点评环节采用的方式和当年主持界"F4"PK的方法类似，这一环节内容往往是即兴抽签，抽到的题型多种多样，有给出一个场景实物进行描述的，有给出一个节日环境场景的，有给出一本书进行现场模拟主持的……这一环节是最精彩吸睛的环节。好好揣摩历届央视主持人大赛的视频集锦，那些获奖选手的故事都很感人，值得反复研究。

蔡康永曾说过一句话，大概的意思是，如果你喜欢一个明星或主持人，你就去模仿他，但并不是成为他，而是取长补短，最终成为你自己。当年"F4"

的故事已经过去，当下，央视记者型主持人邹韵凭借扎实的专业功底、敏锐的新闻洞察力以及沉稳大气的主持风格，已成为新生代主持人中的佼佼者。她的职业经历堪称从记者转型为主持人的经典案例。

邹韵拥有丰富且多元的工作经验，每逢重大国际事件发生，她总会第一时间出现在电视荧屏上，为观众带来最新资讯。在《中央广播电视总台 2019 主持人大赛》总决赛的舞台上，她大放异彩，凭借准确流畅的语言表达、清晰缜密的逻辑思路，征服了现场评委与大众。

在整个大赛期间，邹韵始终能巧妙地将"国际范儿"与"中国味儿"相融合，把观众渴望了解的内容自然地融入自己的讲述之中，正如《北京日报》所评价的那样，无论面对何种事件、何种问题，她都能以流畅且极具说服力的语言侃侃而谈。更令人惊叹的是，即便是在无稿直播的情况下，她也能做到口齿清晰、毫无结巴或重复字句的现象，表达自然又甜美。例如，2012 年，在美国"7·20"丹佛枪击案发生不到两小时，她迅速整理出最新消息，第一时间传递给观众，其专业素养与应变能力令人由衷折服。

时代在变，对于一位主持人来说，只熟悉播音主持业务是远远不够的，除了古今中外、名家名著、各行各业的经典书籍外，也应该多向优秀的同行学习。见贤思齐，让学习成为终身习惯，持之以恒，才能思维敏捷、辩才无碍、出口成章。

新闻即兴点评能力的培养（一）

——给参加艺考同学的建议

对很多有志于成为优秀主持人的艺考生来说，艺考的难关在于即兴点评。一些艺考书籍里对新闻事件的点评内容，都是整段的书面语言，虽然点面俱到，但若真到了艺考现场，抽到一个与书本上完全不一样的考题，之前背诵的内容在脑中一片混乱，并不适合口语表达，一旦生拉硬拽，勉强背诵，就感觉像在背书，而不是发自内心的评论。

怎么突破这样的死循环呢？首先还是要回归到"说人话"上，平时生活中，我们遇到事情正常反应说话都很自然流利，并不会结结巴巴，那么在即兴表达中，也应该思维流畅，自然输出。

1. 自我感受

我们看到一朵花、一只小狗，第一反应是什么？同理，当我们看到一个新闻事件，我们是高兴，还是愤怒，是好奇，还是害怕？此时，回归自我感受，而不要去想别人会怎么想。自己的感受是不能忽视的，这种第一反应的感性认知，应该也是大部分受众的情绪感受。我们要表达出感受，传递共鸣。

2. 理性分析

在正视自己的感受之后，就要带入对新闻事件的理性分析，对是非曲直分析一番，抛出观点，在拿到考题进行思考时，每想到一个要表达的观点，就要在脑海中形成一个关键词，这样在考场上表达时才能思路清晰，根据关键词徐徐展开观点表述即可。

3. 表达态度

在点评分析结束时，要以表达对此事的看法和态度作为结尾。比如，"尽管 A 为了赶时间乱停车貌似有道理，但客观来看，我们不能因为一己之私就挤占公共空间，试想如果人人都像 A，地铁出口就会乱成一锅粥，最终影响的是我们每个人。公共利益无小事，每个人都是公共利益的维护者与受益者"。如果在严格控时的基础上，点评时间还没到，后续还可以加上对城管部门加强管护的建议等话题。

4. 时间把控

除了以上三点，很多同学都很苦恼即兴点评的时长问题。这需要做一个诵读时间练习，有经验的主播通过定时诵读一段自己平时语速的文字，掌握自己每分钟说话的字数，进而通过观察一段文字的长短，推算出表达所需时间。建议在进行艺考模拟时，设定 2 分钟为表达时长限制，在平时的即兴表达训练中，就要刻意检测自己一段话语的字数与语速，经常做这样的练习，到了正式考试的时候，就能更好地把握时间节点，从而在这一环节中稳定发挥，完成表述。

以上，只是即兴表达的基本思路和考试技巧，要想有高水平的即兴表达，必须博闻强记，日积月累，才能做到出口成章，亮点频出。

新闻即兴点评能力的培养（二）

——以厦门广电《午间新闻广场》栏目新闻主播点评内容为例

点评能力的提升在于日积月累，新闻每天都在发生，主持人要善于梳理新闻脉络，及时捕捉到记者在采访报道中没有采访透、没点到的点，对新闻进行点评。笔者目前所在的栏目《午间新闻广场》是一档在中午播出的本地市政、民生新闻集锦栏目，新闻编排紧凑、内容丰富，收视群体以本地市民为主。对于每天播报的新闻内容，笔者会提前熟悉，紧扣新闻内容写一小段短评，提供给当天的责任编辑。这些小评论一般有感而发，或表达民生关切，或奏出振奋人心的旋律。在直播中，我会适度运用声音、手势的变化，配以对新闻的点评，有效增强新闻的感染力、影响力。

与之前播报过的对台对外新闻不同，这档新闻更注重与受众的交流感，所以笔者除了根据当天新闻内容选择合适的服装造型，更时刻要求自己站稳观众"好邻居"的角色，用心播报，播报最后会用一句"祝您好心情"或"愿您的生活越来越好"的祝福语作为结尾，以真心互动营造和谐氛围。该栏目也因此一直是厦门广电集团收视率最高、最受受众喜爱的一档新闻栏目。以下是笔者在 2024 年 4 月的部分新闻点评内容。

【内容】厦大食堂意见簿成为学生与餐厅沟通的渠道

【点评】都说厦大食堂伙食好，百闻不如一见，今天一起去看看。看来，要满足来自天南海北各路同学的胃口，除了厨艺，更重要的是要走心！羡慕了

笔者2024年4月19日《午间新闻广场》栏目录像

吧？是不是也想去尝尝厦大的伙食？若我能去，能提意见，相比于口味，我希望能吃到更多减脂的有机、健康食物。

【内容】不文明曝光台

【点评】中山公园、白鹭洲公园是我们厦门市民的城市会客厅，如果真的把那里当成自己的家，请问，您会在自己的家里做些什么呢？保持家园的干净整洁，这个答案是显而易见的。

笔者在《午间新闻广场》不文明曝光台环节中
进行点评

【内容】明星进校园

【点评】榜样的力量是无穷的，体坛高手都来到我们身边了，咱也赶紧抽空活动活动，跑跑步吧。

【内容】自建房火灾隐患排查

【点评】这些火灾隐患点就是我们安全系统中的 BUG，必须第一时间清除掉，不然后患无穷。

【内容】点评中式毕业服饰

【点评】中国传统服饰搭配出来的毕业照优雅精致，有韵味！淘宝数据显示，从 4 月开始，国风学士服、云肩、簪花帽销售热度不断上升，一跃成为毕业季的新晋热门单品。毕业生们越来越追求个性化，通过中国风的毕业照，展现了独属于中国的浪漫气质。而将中国文化元素植入毕业学士服，这一趋势也逐渐为更多高校所重视。

【内容】赛事主办方发放奖励迟缓

【点评】选手们竞赛讲究"更快、更高、更强"，赛事主办方其实也是比赛的一个重要环节，也应该有这种竞技精神来配合选手们的比赛热情，这样才能让这种昂扬向上的氛围持久不衰。

【内容】市民自发在私家车上安装 AED

【点评】一台车载移动 AED 就像一个守护生命的哨点，除了应对不测，也提醒着人们应该有急救意识，尽可能掌握急救技巧，让我们的生命防护网越来越健全。为这些热心市民的善举点赞。

以上只是笔者在《午间新闻广场》栏目日常工作中的一个缩影。这档新闻栏目时长为 25 分钟，以新闻播报为主，不是每段新闻都需要配点评。能播出的点评，要求短小精悍，用几句话把事情点透。尽管有时主播写的评论囿于节目时长限制，不一定能用得上，但提前熟悉每天播报的新闻内容，并思考相应的新闻点评，而不只是做播报新闻的机器，应成为主播工作的常态。有时在新闻直播中，没有提前准备新闻点评，遇到突发状况，需要主播临时插入即兴评论救场，这样的情况虽不常见，但一旦遇到就要从容应对。在 2024 年 5 月 4 日的《午间新闻广场》播报中，正是因为笔者对播报稿件充分熟悉，提前思考，才在直播临时出现状况时，用一段即兴点评，弥补了时长空缺，和团队一起有惊无险地完成了当天的直播任务。

相对于传统媒体评论栏目的长篇大论，如今小微短视频新闻评论更能引起受众关注。目前，随着人们对小屏的依赖，传统媒体除了坚守固有的新闻评论阵地，也开辟了短视频赛道，如央视的《主播说联播》、人民日报的《人民日报评论》、极目新闻的《极目锐评》、湖北经视的《经视直播》等新闻评论节目。因此，作为新闻主播更要系统提升新闻点评能力，学习不同媒体对同一件新闻事件的解读与分析，不断提升业务能力。

新闻即兴点评技巧的培养（三）
——善于分类，注意积累

　　每天的新闻五花八门，主持人即兴点评随机性很强，若善于新闻分类，会发现新闻内容虽然不同，但却有类型。比如，目前笔者所在的栏目《午间新闻广场》，每天播报的新闻以当地的民生新闻、市政新闻为主，也经常报道一些事故新闻、自杀新闻、营救新闻。

　　一段好的即兴点评，可以更好地呈现社会新闻的温度。目前社会上抑郁症患者、轻生者不在少数，对于这类新闻的播报不能简单报道，适时到位的点评，能起到缓和社会矛盾与稳定社会的作用。例如，一位男子跳海轻生，海警部门迅速出动，从海面到陆地开展接力救援，最后成功救起。对于这类新闻，主持人平时可多思考，准备几段即兴点评。比如："那么多人接力救援，才抢救下这条生命，太不容易了。为了报答救命之恩，无论遇到多大的坎儿，他都要勇敢坚强地活下去。""死都不怕还怕什么，没有翻不过去的山，没有跨不过去的坎儿。柳暗花明又一村，活下去就有希望，总会渡过难关。""人生就像打怪游戏，输了再重来就是了。人生与游戏不同的是，游戏死了能重来，人死了就没希望了。摆正心态，坚信办法总比困难多，任何怪物总会被打趴下。"对于不同类型的新闻，平日多思考些应景的句子，积累些相关的谚语、成语，到了关键时刻，就能随机应变地拿来点评。

　　每天的节目结束后，及时复盘一些节目中的缺憾，尤其是一些可以即兴表达却没有表达或表达不到位的地方、领导的指正等，经常总结反思，以后再面对同样的情况就能改进。

在《午间新闻广场》这类贴近百姓生活的新闻栏目中，主播的即兴点评，可能不像专业评论那样一针见血，但对于一些新闻的感同身受，基于平时的积累，即时顺畅地表达观点、感受，表达自己的感想看法，引发共鸣，能达到更好的传播效果。

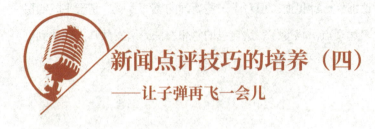

新闻点评技巧的培养（四）

——让子弹再飞一会儿

2020 年 12 月 14 日，广东网约车司机艾师傅接到一家三口乘客后，婴儿在车内突发疾病，家属请求司机加速送医。艾师傅为争取时间，连闯三个红灯将婴儿送至医院。事后艾师傅因闯红灯被扣 18 分、罚款 600 元，面临驾照被吊销的风险，需家属或医院提供证明以撤销处罚。家属最初拒绝做证，甚至称"闯红灯与我们无关"。此事一经报道，便迅速发酵。一时之间，舆论一边倒，指责被救者忘恩负义。笔者在看到这条新闻时，总觉得此事中被救者一家的反应不合常理，但看到相关报道言之凿凿，不免也觉得被救者一家道德缺失，没有良知。当天，几乎所有媒体对此事的报道风向都是谴责被救者道德缺失，让人心寒，不该如此冷漠。没想到这件事很快出现反转。《南方都市报》的记者注意到了此事，再去调查核实后发现，此事件中，院方给出的电话号码有误，接电话的不是当时被救助的患者，打错的电话，对方当然不会承认。被救的一家忙于照顾婴儿而未及时回应，婴儿的父亲最终向司机道歉并表示感谢。

关注了这一事件的完整过程后，笔者上班时，在节目中对这一事件的前因后果进行了梳理及点评，为观众呈现了一个合乎逻辑、合乎常理的新闻事件的全过程。

类似的新闻还有不少。2024 年 1 月 29 日，71 岁曾自驾西藏的徐奶奶的女儿在社交平台发视频称，她们驾车在广东湛江徐闻港排队进港坐轮渡时，遭一辆河北保定牌照的奔驰车加塞，并被车上男子砸引擎盖及辱骂。

此事在最初也呈现了一边倒的舆论态势，人们对奔驰车主口出狂言的行为进行了激烈的谴责。但仔细看视频，就会注意到，生气的车主不是被一些不可触碰的底线规则惹怒，才口出狂言的？在正常情况下，原本好好排队的两辆车，到底是什么原因引发的矛盾，使其中一位丧失应有的理智，无比愤怒呢？还原事实真相，媒体要继续深挖。在随后一段时间的报道中，人们才发现拍摄视频方也有问题。新闻事件初期，舆论纷纷倒向徐奶奶这方时，徐奶奶所开的车的品牌厂家也借势慰问徐奶奶一家进行网络宣传，没想到最后厂家却因为基本事实调查不清而陷入尴尬的境地。

面对这条新闻，我的同事丁江老师——一位拥有多年新闻从业经验的主持人，始终保持着冷静与审慎。在舆论喧嚣、众说纷纭之际，他没有急于跟风报道或仓促点评，而是选择静观其变，耐心等待新闻真相如抽丝剥茧般逐一清晰。

待整个事件的来龙去脉、前因后果都水落石出后，丁江老师才凭借其深厚的专业素养和敏锐的洞察力，对整个事件进行了全面且深入的还原分析，并给出了客观公正、鞭辟入里的点评。他的这一做法，不仅得到了领导的充分肯定，还赢得了受众的一致好评。

现场零距离
——浅谈电视新闻主持人如何掌控直播现场

在媒体竞争日趋激烈的今天，"现场直播"正成为一种常规的节目形态，无论是新闻报道还是娱乐作秀，无论是综艺晚会还是体育赛事，直播类节目层出不穷，直播带货也成为网络常态。

在信息传播异常发达的当下，受众首选来自第一现场的信息。媒体只有第一时间进入现场，速度发回报道，才能抓住受众的眼球。一场对重大新闻事件的直播报道，甚至能成就一个媒体的名声与长远的影响力。

如此具有传播力的节目形态，对电视新闻现场直播的各个环节均提出了更高的要求。一方面，除了直播团队的搭建、各类工具的配备，现场直播主持人的表现则是节目成败的关键。现场报道的主持人与其他类电视新闻主持人有很大不同，其他类电视新闻主持人一般都有事先审定的播音稿，但现场报道的主持人需要即时播报，现场访谈，引领观众注意力，即时把握信息和舆论方向，即时做出恰当的评论。由于新闻事件的现场多变而复杂，事态的发展不可控制，可以想象现场报道主持人面临的挑战程度之高。另一方面，电视机前的受众的眼球都聚焦在主持人对现场信息的第一时间解读上，可以说，现场直播中主持人的表现将直接关系到观众对电视台的综合形象的评价。这一重要且极具挑战性的工作，对电视新闻现场直播主持人的知识储备、观察能力、语言思维能力和应变技巧乃至情感发展等素养都有特别的要求。

电视新闻现场直播中，"现场"是信息源，同时"现场"又是动态的，有时可谓瞬息万变。一个直播节目的好坏也就取决于主持人对"现场"的"掌控"

达到何等水平。可以说，电视新闻现场直播主持人的素养高低，集中体现在对"现场"的"掌控"能力上。在突发事件的现场，信息呈碎片状，零散混乱。例如，在汶川大地震的首期直播报道中，主持人只能在只有一张写有震中、震级的纸条的情况下就走进直播室，采编系统以把寻找信息的过程展现在直播中的方式进行报道，检验的是主持人的应急素质。随着现场信息量的加大，现场直播不仅是报道平台，更应凸显传媒的信息发现与整合功能。主持人不能迷失在现场，要第一时间选择出核心信息，传达给观众。选择的水平，就体现了主持人的水平。对电视传媒来说，选择的水平，还体现在能够以一定的价值观、处理准则和尺度不着痕迹地甄选。现场直播报道更是需要体现快速的甄选，这就是一种"掌控"。主持人是其中的执行者。在现场直播报道中，主持人也会及时加以点评。由此可见，对现场的"掌控"力需要主持人具备多方面的素质。实现这样的目标，对主持人来说就是一种很高的要求和挑战。

曾经有人说，对于没有从事过现场直播的主持人，要想马上投入直播节目，做到现场应变自如，能不能进行一些技巧性的训练，以很快地适应直播工作？很难想象在重要的直播节目中，编导会用一个没有任何直播经验的主持人来主持节目。从中央电视电视台新闻频道的每次大型或平时的一些直播节目中，我们可以看出，中央电视台总是会让最有主持经验的主持人出镜，以尽量减少直播中主持人因为缺乏经验而带来的不确定性。其中敬一丹、白岩松、水均益最有代表性。在水均益曾经主持的一期《环球视线》直播中，记者和主持人画面都已经出现在电视屏幕上，主持人问题问出去，连线记者半天没有反应。水均益很自然地连线了这名记者几次，但是记者仍然没有反应，确定是连线方面的问题，水均益解释了一下后，接着画面切回主演播厅，水均益又接着和现场嘉宾继续聊那一期的话题。虽然只是几个简单镜头的切换，就足以说明主持人和导播、编辑之间的配合默契，互相信任、不露痕迹，主持人处理问题的自然。要想从水均益的脸上看出紧张和慌乱的神情，几乎是很困难的。人们能更多地从他的眼神里读出冷静和理性。

要成为一名优秀的直播节目主持人，必须具备良好的心理素质、身体素质、专业素质、理论素质。主持人自身的悟性、不断学习的能力、长期主持的经验积累，更是其能很快适应并胜任工作所应具备的重要素养。要想成为一名优秀的能"掌控现场"的电视新闻直播主持人尤其应做到以下几点。

◎ 导向明确 照亮现场

很多时候，主持人的话语都是带有评价性的。应当说，现场直播报道的影响力，恰恰在于报道与评论的有机结合，在于在报道的同时让评论自然得体地流露。电视直播中，主持人对于突发事件的描述及点评随意性很大，一经播出就不能修改。这就要求主持人无论怎样发挥，都要始终把握弘扬主旋律的基调。

主持人应不断学习国家的政策方针，提高自己的理论水平，对一些敏感的政治话题的说法及度的把握一定要提前斟酌，对生活中发生的某些未解事件的报道也要站在科学的角度客观分析，不能只为追求收视率而夸夸其谈或夸大其词。在笔者曾经主持的一期每日直播的民

笔者在湖北省襄阳广播电视台直播民生新闻栏目
《今日播报》出镜照片

生新闻《今日播报》栏目中，播出了关于山区一所小学的神秘自燃事件的新闻，由于事发突然，各方还没找到自燃事件的真正原因。记者稿件的结尾也只是以"目前还没找到真正原因，将继续关注"的话结尾。作为主持人，我敏感地意识到这条新闻可能会引起社会上无聊人士的猜测和联想，于是就在此条新闻结束时点评了一句："相信通过科学调查，一定会真相大白。"这样就起到了淡化事件的神秘色彩、稳定人心的效果。

早年《南京零距离》的主持人孟非之所以深受老百姓的支持和认可，就在于他跳出了一般主持人只是习惯于念稿件的那种播报。他在播报中加入了自己

对一些新闻的看法，引发了受众的共鸣，才使这档节目脱颖而出。很多主持人碍于自身水平，在直播节目中只求稳，不求过。在直播民生节目中，关于社情民意方面的新闻，只要相关发挥都围绕着一个主轴，这个主轴就是对宏观大局的把握，对国家大政方针的了解，对主旋律的熟悉，就能做好相应点评。

电视镜头往往会放大真实场景，主持人任何的不自然及做作，都会在电视上被无限放大，而直播出去的镜头是不能挽回的。为了表现自己而乱发评论只会贻笑大方，中规中矩、缺少真情投入的主持人又很难与观众产生共鸣。而想要成为一名长盛不衰的直播主持人，首先要迈出第一步，就是在把握主旋律的背景下做到有感而发。

◎ 内紧外松 融入现场

"汝果欲学诗，工夫在诗外。"要想主持好直播节目，主持人平时的积累相当重要，在此基础上，才能做到厚积薄发。

从 2006 年开始，笔者开始主持直播新闻类节目，至今已经主持了 19 年。笔者在襄阳广播电视台任职期间，曾主持过收视率最高的直播民生新闻栏目《今

笔者主持过的厦门广电集团新闻栏目——左《厦视直播室》、右《两岸新新闻》

日播报》；任职厦门广电集团后，又担任了9年厦门广电集团50分钟直播栏目《厦视直播室》的栏目主播，2年对台对外直播新闻栏目《两岸新新闻》的栏目主播，和现在主持的全集团收视率最高的《午间新闻广场》的栏目主播。

在2006年之前，笔者几乎主持过电视台所有类型的电视栏目和大型的录播、直播晚会，参与过各种题材的配音及多期节目的全程制作。正是不断地学习和积累，自己才能轻松胜任电视直播节目，达到高水平的播出质量。

电视节目分为录播节目与直播节目。主持录播节目时的身心状态和直播时的状态是不一样的。

笔者主持厦门广电集团新闻栏目《午间新闻广场》

平时在演播室录制节目时，没有压力，只求达到最佳效果，一段稿件有时会重录好几遍。而在直播节目中，主播播报必须一次性通过，而这样保质的高效率，只有优秀的主持人才能做到。原因就是，不同的要求产生不同的身心状态，尽管主持人心理上觉得无论主持什么节目，心态都是放松的，但实际上的身心状态还是会因节目类型的不同而自动调整。这种自动调整也是建立在主持人丰富的主持经验的基础之上的。

想要出色完成直播节目，实现零差错的目标，主持人必须做到"内紧外松"。在直播过程中，难免会出现各种临时变动，如临时置换稿件、即兴发表点评、精准控制语速，以及配合导播把控节目时间节点等，这些情况都需要主持人在直播前就充分预估、了然于胸。

有时，稿件可能会在直播临近时才交到主持人手中，但无论对稿件内容是否熟悉，主持人都必须保持镇定自若，确保播出顺利流畅。无论演播室内突发何种状况，主持人都要做到从容不迫、和颜悦色，让观众完全察觉不到其情绪上的波动。

笔者采访著名小提琴家盛中国及濑田裕子夫妇

　　"台上一分钟，台下十年功"，主持人只有平时注重细节、用心揣摩，日复一日地积累经验，才能真正将"内紧外松"的状态内化于心、外化于行。坚持不懈，主持水平才能在不断积累中实现从量变到质变的飞跃，主持人才能为观众呈现出一场场精彩绝伦的直播盛宴。

◎ 准备充分　把握现场

　　一次现场直播是大是小，是成是败，案头的准备工作是至关重要的。某主持人在与同行的交流中表达过这样一个观点，虽然有时直播节目的环节和内容是事先定好的，但是光准备这些内容是不够的，一定要提前尽量多地储备，有的内容虽然用不上，但正是因为对直播内容的方方面面有了充分的了解，主持人才能在节目中胸有成竹、自如应对。

　　曾经主持《直播中国》的中央电视台著名主持人敬一丹说："真正专业的主持人是不过分表现自己，懂得配合的主持人，这一点在直播节目中尤其可贵。"只有既准备充分又默契配合的主持人才能把握现场。

　　在襄阳电视台与湖北电视台并机直播"纪念诸葛亮出山1800年"的活动现场中，与总演播室的主持人互动的是三个分会场的三位主持人。一位是在三顾堂前诸多专家学者要演讲的临时会场旁的连线报道，另一位是隆中牌坊前的古筝表演的连线报道，还有一位是在进入隆中前的一个广场上进行的飞行器表演的报道。

　　笔者当时是在隆中前的广场这个点位与演播室主持人进行互动连线。当时要求主持人自己准备主持内容，正式直播在接到通知两天以后。作为现场主持人，我无权选择像三顾堂这样一个更容易发挥的报道地点，我要连线的这个地方，只是20世纪90年代才建成的一个进入隆中时经过的广场。就广场本身而言，是没有什么历史底蕴的。但服从安排是第一位的。于是我收集、整理了大量的相关材料，事先到活动地点了解、感受，反复斟酌。在与熟知本地历史的专家联系商量后，自己准备了四段主持词。第一段主持词引用了罗贯中《三国演义》中对刘备一行刚进入隆中时的几句风景描述，作为向观众介绍这个地点的切入点。在结束时的主持语中，将诸葛亮当年出山，到后来辅佐刘备奠定三分天下的局面，以及后人汲取诸葛亮发明的孔明灯的智慧，再到与时俱进的科技飞行器表演进行了很好的结合，并将之升华到后人应汲取诸葛先生的精神力量，更好地建设自己的城市的现代意义上为落脚点。尽管服从导演调度，最后一段词没有用上，但正是因为有充分的准备，笔者才能从容圆满地完成任务，也在这一过程中提升了自己。

2023年"一带一路"倡议提出10周年大型直播报道工作人员合影（左）及视频出镜截图（右）

2023 年是共建"一带一路"倡议提出 10 周年。10 年来，从"大写意"到"工笔画"，从落地生根到持久发展，共建"一带一路"已经成为深受欢迎的国际公共产品和国际合作平台。如何展现中国携手世界打造"人类命运共同体"出现的新变化，带来的新机遇？厦门广电新闻中心在"一带一路"倡议提出 10 周年到来之际，组织策划了一期特别直播节目，这场活动是疫情后新闻中心开展的首场大型直播，笔者作为唯一深度参与栏目策划的主持人，认真提炼相关材料，撰写直播内容稿件，在直播时与全体直播团队紧密配合，整档长达一个多小时的直播节目流畅播出。

当天节目笔者负责第一部分和第二部分站播环节内容，包括撰稿、配图及主持。直到直播节目开播前，其中一份站播稿件仍被反复斟酌修改，时间紧、任务重，我拿到定稿后一边抓紧时间熟悉，一边观察直播进度，随时注意导播调度。在第二个站播环节，在导播忙碌调度忽略提醒主持人站位的时刻，作为站播主持人，我主动配合导播按时定点站位，有惊无险，顺利完成这一环节的场景切换播出，两个站播环节起承转合，一气呵成。笔者的播出环节起到了画龙点睛的作用，让观众在深入浅出的内外互联报道、解读中全方位、多角度了解"一带一路"倡议 10 年来的巨大变化，使"一带一路"倡议 10 年来的成果及影响广泛传播，深入人心，节目引发了良好反响。

◎ 控制全局　推进现场

直播时主持人相当于执行导演，肩负着把握整体的重任。直播中主持人良好的心理素质及专注力非常重要。所以，主持人抗干扰能力、应变能力一定要强。即使在直播中出现口误，也要忽略掉，只能专注于正在或即将播出的内容上，而不能胡思乱想。熟能生巧，主持人应当经常刻意地利用空余时间，多进行一些话题训练。话题训练能很好地提升主持人的专注力。

在新闻直播节目中，有很多不确定性、不可预料性，主持人稍微分神，就有可能说错话。但高素质的主持人还是能做到既顺畅表达，又小心翼翼，万一出现口误，能迅速调整情绪，自圆其说，尽量不留痕迹地挽救失误。

笔者曾经参与过几次大型的新闻现场直播，其中一次是2005年"神舟六号"飞船胜利回归地球后，与中央电视台连线航天员聂海胜家乡人欢庆的现场报道。在"神舟六号"连线报道那天，原定上午与中央一台直播一场当地群众庆祝"神舟六号"回归的欢庆活动，但临时遭遇变动，在中央四台中午直播的新闻中插入这一连线报道。尽管事前已做好了准备，可在真正进行与中央四台的直播连线时，却出现了意想不到的情况。当时，我的左耳朵接的是来自演播车导演的声音，右耳朵接的是来自中央电视台演播室的声音。在正式的直播开始后，憋足了劲的表演者现场敲锣打鼓的声音突然间淹没了演播室里主持人的话语声音。不容迟疑，我只有按照事先定好的程序介绍现场情况。但此时，传到左耳朵中演播车上导演与中央电视台导播沟通的关于何时停止直播的话语声却越来越大，极大地干扰了我说话的思路，使我播报稍微有所停顿。但我随即调整情绪，又镇定下来继续介绍现场情况，并在被安排好的采访者没有及时配合的情况下，顺利完成了直播任务。

结束中午这场与中央四台《中国新闻》的直播后，我又接到任务，在下午两点左右的中央一台的新闻中，还要进行一场连线。此时，距离下午直播的时间不到两个小时，而上午准备的内容也已经被中央四台采用，这意味着，要马上重新准备新的采访内容。时间紧、任务重，对主持人的要求更高。编导在确定了下午的采访内容后，作为主持人的我，一直跟着编导，了解编导的报道意图和内容。当连线时间快到时，所有准备就绪，我汲取上午的经验，在脑中尽量多演练即将播出的内容，及时跟欢庆的表演者沟通，让表演者自己控制演出时的音量。同时自己调整耳机音量，调整好心态，即使演播车上的声音再大，也能降低干扰度，让自己更好地专注于主持内容上。就这样，直播连线开始后，配合着现场喜庆的气氛，我有条不紊、自然大方地完成了下午的直播任务。一天的直播任务结束后，负责这两场直播的中央电视台编导才说道，她从来没有经历过这样匆忙紧张而又忙而不乱的直播。

直播人员应变能力不强、预估不足而导致的直播效果不理想的情况也时有发生。中央电视台《新闻 30 分》曾经进行过关于三峡建设的直播报道。当时是直播栏目主持人梁艳在三峡现场做报道，现场直播时，也许受现场工地噪声的影响，她的声音过大而使现场主持效果大打折扣。第二天的节目中仍然有三峡的连续报道，这一次是主持人午梅现场连线，她吸取了前一天梁艳的教训，提前适应现场工地环境，控制了自己的语言音量、节奏，整场直播干净利落。

要想尽量避免失败的连线直播，主持人在充分准备的同时，一定要熟悉周围环境，尽量多预估可能出现的情况并做好及时应对的策略，保持高度的专注力，控制全局，才能极大地降低现场报道中的不确定性，进而推进现场报道。

电视新闻类的直播节目对主持人来说是个很大的挑战。总之，一个优秀的主持人只有具备不断学习的能力，拥有健康高雅的身心状态、全面的新闻素养、专业的主持功底，准确把握电视传播规律，才能在新闻现场从容掌控局面，达到最佳的直播效果。

从一场焰火晚会到一场成功的"电视事件"
——2021年海峡两岸春节焰火晚会直播解说回顾

2021年笔者报道海峡两岸春节焰火晚会

2021年2月12日，一年一度的海峡两岸春节焰火晚会在厦门和金门两地登场，烟花燃放时长近30分钟，一共燃放68054发烟花，这场晚会通过厦门电视台2套以《厦视直播室》特别节目形式进行了直播。由于采用了一些不同于上一届直播的新颖手法，这场直播除了引发收视高峰，在网络上也引爆了话题，迅速冲上了微博热搜，话题讨论度达到了2.3亿次。璀璨的焰火、奋进的喜悦、浓浓的乡情交织辉映，制造了一场融媒体时代的完美"电视事件"。

我们熟知的焰火晚会的表现形式大致有两种：一种是以解说为主的焰火直播晚会；另一种是以大型音乐为衬托的焰火秀。与解说类焰火直播晚会不同的是，焰火秀主要以焰火燃放节奏与音乐旋律、意境有机融合的艺术表演形式呈现。以一年一度的湖南浏阳烟花晚会为例，其呈现以下特点：注重音乐与烟花画面编排，善用声光电与烟花营造现场氛围；章节之间穿插商业广告过渡，每个章节各有特色，各环节开始时有烟花音乐秀，接着是现场音乐演唱表演；主持人功能弱化，只出少量画外音，介绍各环节参与者、播报广告内容。

解说性焰火晚会往往以特定内容为主题，在以音乐为背景的焰火直播中插入相应解说。这类晚会往往具有较强的政治背景及宣传作用，其穿插性的话语必不可少，往往起到承上启下、画龙点睛的作用。例如，2008 年北京奥运会开幕式焰火表演，中华人民共和国成立 70 周年天安门广场焰火晚会，以及每年大年初一举办的海峡两岸春节焰火晚会。本节着重以 2021 年海峡两岸春节焰火晚会直播为例，探讨主持人如何把控过程走势及如何进行现场解说设计。

◎ 角色与角度

海峡两岸春节焰火晚会始于 1987 年 1 月 29 日，此后，每年的大年初一，厦门、金门对放焰火，互贺新春，这一惯例延续至今。海峡两岸春节焰火晚会连接着海峡两岸深厚的血脉亲情，传递着两岸同胞在新春佳节对彼此的美好祝福。

多年来，两岸焰火晚会沉淀出"门对门，话家常""敞开聊，细细讲"的特色，也打磨成型为 30 分钟时长，多篇章、多主题呈现的模式，但一场电视直播，30 分钟里的画面主体就是漫天的焰火，那么要如何吸引住观众，实现有效信息传达？这就要求电视直播中的主持人首先要找准自己的角色定位，选准切入角度。

1. 主持人深入双重现场，成为第一感官体验官

2020 年大年初一，厦门广电集团《厦视直播室》栏目首次对晚会进行全程直播，并配合广电融媒体等渠道同步播出，晚会取得了不错的传播效果。鉴于此，从 2021 年开始，这场一年一度的焰火晚会也被寄予实现收视开门红的厚望。面对单一的直播主体，负责晚会解说的主持人成了直播成败的关键角色。主持人首先必须成为观众可以信赖的第一现场委托人，是观众眼耳鼻舌身意第

一现场的触发器。从晚会筹备阶段，本场晚会直播的主持人便大量调阅其他地方焰火晚会及 2020 年海峡两岸直播焰火晚会，把自己融入视频画面构建的虚拟现场，在获得第一手体验后，再深度参与本场直播晚会解说词撰稿、设计及编排，构建另一重现场，也就是预演现场。为增强预演现场的真实性，主持人稿件的撰写充分调动了焰火燃放现场音、背景选曲等元素，最终让主持人通过现场解说达到了贴合各篇章焰火内容，加强声画音效的综合播出效果。

2. 主持人精准掌控时间节点

一场百万观众瞩目的直播晚会，主持人的时间把控要更精准，在深度了解活动内容、主题安排的基础上，根据直播总时长，细分到直播环节时间点，再细分到每个环节的解说时间。可以说，一场还没开始的直播，在主持人的演练中，已经是无比真实地演练过上百遍，所以主持人在正式的解说中才能胸有成竹，游刃有余，随机应变。

这场直播有四个篇章，每一章节的起承转合都在分秒之间，本场主持人在演播室内要和现场实现无缝对接，靠的是前期深度介入后有预案、现案，才能做到有备无患。

3. 主持人追求第一角度

两岸焰火晚会已是厦门人过春节的一个传统节目，如何通过电视直播来推陈出新，这也是本场直播要完成的课题。电视直播通过多机位带来不同的视角体验，这是电视特有的优势，作为主持人面对纷繁的电视画面，就需要甄选出最适合主题表达的第一视角，引领观众感受不一样的视觉体验，也就是我们要说的"第一属性"，第一属性就是能直达核心体验的感官属性，主持人循着"第一属性"带来的体验叠加，层层推进到更高层次的体验。做到这一点，也是主持人前期多方位、多层次地观察体验后提炼的切入角度，为观众第一时间找到一条最快捷的体验通道，这也为升华体验效果、最终实现晚会要传达的内核迁移奠定基础。

◎ 语言风格符合融媒体时代要求，兼顾主旋律和生活化

随着媒介环境的变化以及受众审美心理的转变，重大体育赛事的解说风格从传统的"春晚式朗诵"逐渐演变为更加贴近大众的"白话聊天"式表达。这种变化不仅体现了美学意蕴的转变，也反映了媒介融合时代对解说风格所产生的要求[①]。

就融媒体时代的解说风格而言，每一个主持人应该尝试多样性的变化。因为解说的意识形态引导是必要的，但这种引导必须是潜移默化的，这需要解说团队进行充分而细致的准备，同时根据与即时画面的配合来完成意识形态干预。

尤其是画外音解说词，在第一视角属性不强的情况下，内容上就更应贴合焰火晚会的主题频闪的特点，既要优美大气，注重抒情，也要尽量多用精练短句，富含烟火气、贴近地气。每段解说词控制在 1 分钟左右，注意留白，转场过渡。

同时由于特殊历史原因，厦金海峡两岸焰火晚会在保证观赏性的同时，也要达到促进两岸和谐、表达两岸民众心声的目的。相应地，解说词的设计也要有所侧重，既要注重观赏性，也要注重现实意义，在解说词的撰写上，夹叙夹议，不拘一格。既有适合朗诵抒情的部分，也有适合口语化解说的部分。以晚会一头一尾的解说为例，开头部分尽量采用配合烟花燃放的画面感强且诗意较浓的语句。例如，各位观众和网友，大家好。此刻，2021 年海峡两岸春节焰火晚会正式上演了，现在是焰火晚会的第一篇章：金牛迎新春。夜空中，一道道亮丽的彩虹桥，载着美丽的梦想，携着春天的气息，伴着徐徐的海风，送上深深的祝福。在这个篇章，以绿色为主色调的焰火，会渐变成红色，既衬托出金牛报春的喜庆，又让人们感受到姹紫嫣红的春意。

在结尾部分运用诗句、俗语，采用排比、感叹等修辞手法来总结性结尾。例如，乘风破浪正当时，无须扬鞭自奋蹄。愿灿烂、美丽、吉祥的焰火点燃大

[①]米斯茹、石磊：《媒介融合语境下重大体育赛事解说风格流变——以奥运会和亚运会为例》，《中国广播电视学刊》2015年第4期。

家对 2021 牛年的热情与希望，在新的一年里齐心协力，扭转乾坤，共同开创新的局面。各位观众、各位网友，现在焰火晚会已经接近尾声，我们也来为您公布本次焰火晚会的春谜谜底：四个字分别是"金""牛""奋""进"。"牛"象征着拼搏实干的精神，在新的一年，我们要做"为民服务的孺子牛、创新发展的拓荒牛、艰苦奋斗的老黄牛"，俗话说"九牛爬坡，个个出力"，在金色的牛年我们一同奋斗进取，让我们的城市、我们的祖国，更美好！

在晚会中间介绍城市发展时，解说词尽量采用符合厦门城市气质的软性话语串联，足够生活化的语言风格。例如，在第二篇章"共享新生活"中的串词：厦门"城在海上，海在城中"，山海一色，风光旖旎。诗人于坚在《鼓浪屿便条》这首诗中，一开头写道："在这里我慢下来，在这里我准备抒情，在这里我接受浪漫主义，在这里我跟着巡逻出海……"这几句诗衬托出了厦门"海上花园"的诗意气质，也道出了人们对厦门美好而浪漫的向往……

为强化生活气息，本场解说也充分抓住了应景的活动时间点，配合设计了相应的节庆活动环节。每年大年初一，中国人都要互拜新年，互相问好。2021 年厦金晚会共分为四个篇章，晚会解说分别在每一篇章中插入留厦台商台胞、城市建设者们的新春拜年问候。例如，第一篇章中的解说词是这样设计的：一树烟花，两岸情深。在中华民族传统的新春佳节里，我们也特别思念海峡对岸的台湾同胞，作为台胞台企登陆的第一家园，厦门经济特区的快速发展离不开台湾同胞的鼎力相助。这个春节，很多台湾同胞留在厦门过年，他们也要向大家送上新春的祝福……

◎ 三方互动成就一场完美的电视事件

丹尼尔·戴扬（Daniel Dayan）和伊莱休·卡茨（Elihu Katz）认为，现实事件要成为一次成功的电视事件应建立在一个隐形的三方协议之上：事件的组织者负责收集元素并拟定其历史意义；电视台通过对元素的重新组合完成事件的再生产；观众在现场和家里对事件萌生兴趣。各方必须给予积极的认同并拿出相当的时间和其他投入才能最终促成媒介事件的成立[①]。

本场直播晚会，两岸的主办方都加大了投入力度，在金门会场，有1080发高低空焰火，依次以"孔雀开屏""百花齐放""美哉两岸"等主题亮相。而厦门会场则以"金牛迎新春　开创新局面"为主题，68000发焰火将围绕四个昂扬向上的主题，为大家一一呈现出和平鸽、红牡丹、红桃心、笑脸等百变造型，给观众带来长达30分钟的视觉盛宴。这种跨两岸的宏大传播，艺术而创意地组织各类视听元素，力求展现两岸一年来携手共进的美好画面。同时除了《厦视直播室》栏目全程直播焰火晚会燃放的盛况，看厦门APP、厦门广电网、央视频，厦门广电的视频号、官方微博、抖音、快手等，厦门卫视YouTube、Facebook等海外平台，也同步直播。

为增加与观众的互动和收视黏性，直播方厦门电视台还特邀厦门谜协制作了4则春谜，依次在每一个篇章中呈现，通过看厦门APP与受众互动，直播方将对每条春谜抽取5名答对的幸运观众，每人送出牛年大礼包。同时，在每个篇章接合部还插入台商拜年、春节各行业人员坚守岗位拜年、台胞台商互致新年祝福的短片，将直播场域内外互动推向高潮。其中，直播的核心要素、主持人的解说引导很好地串联了三方互动，让三方构建出了一个和谐的能量场，实现了直播主题内容的成功迁移。

在此，这场晚会堪称地区场域中传播成功且影响较大的一场晚会。对于整场活动的主要组织者厦门来说，这一备受瞩目的事件宛如一张精致且富有吸引力的"城市名片"。它不仅成功地激发了广大受众对于厦门这座城市形象的浓厚兴趣，更有力地推动了他们对厦门既有认知的更新换代，甚至带来了对厦门形象认知层面的深刻变革与重塑。

在融媒体深度发展的时代背景下，受众对于大型晚会直播解说的期待与要求已然发生了巨大转变。人们不再满足于对画面信息的简单描述，也不再只是

[①]丹尼尔·戴扬、伊莱休·卡茨：《媒介事件——历史的现场直播》，麻争旗译，北京广播学院出版社，2000年。

被纯粹的情绪所打动。如今，观众真正渴望的是一种更为丰富、立体且具有深度的解说体验。这种体验包含了在不断迭代的清晰画面背后，那些有价值且引人入胜的细节、背景故事，以及趣味盎然的逸事，同时还需要有贴合生活的深入解读。

　　将视角聚焦于焰火晚会的解说之上，主持人肩负着至关重要的职责。他们需要依据活动的丰富内容和既定的直播时长，提前全身心地进入角色。在此基础上，主持人通过对各个环节的细致熟悉，精准地把握解说内容的详略、时间的分配，以及语气与语境的契合度。一方面，要做到言之有物，以充实且精准的信息满足观众的知识需求；另一方面，也要言之有情，用富有感染力的表达方式，将活动的魅力与情感内涵传递给每一位观众，从而实现与受众的深度共鸣，使这场媒介事件在人们的记忆中留下浓墨重彩的一笔。

第五章　未来主持人的发展前景篇

　　1958 年，北京电视台（中央电视台的前身）正式成立并开启节目播出，这无疑是中国电视事业扬帆起航的标志性起点。时光荏苒，至今它已走过了 67 载风雨历程。而改革开放以来的 40 余年，更是中国电视事业蓬勃发展的黄金时期。

　　在中国电视事业不断成长壮大的进程中，电视主持人队伍也如雨后春笋般日益壮大。他们以独特的魅力和专业的素养，成为电视荧屏上一道道亮丽的风景线，陪伴着一代又一代观众度过无数美好时光。

　　随着融媒体时代的持续推进，人们的收视方式发生了翻天覆地的转变。传统的电视媒体逐渐陷入发展的瓶颈期，面临着来自新兴媒体的激烈竞争与赛道压力，亟待突破困境、开拓新局。在此背景下，一个新的问题浮出水面：未来，广电主持人该何去何从，发展方向究竟在哪里？

未来主持人的发展前景（一）
——全媒体时代广电主持人的转型与升级

当前，面对发展迅猛的网络媒体，真正能独树一帜形成广泛影响力的传统广电媒体，除了央视及部分省级媒体外，地方广电媒体相对较少。究其原因，大部分地方广电媒体缺少品牌化意识及网络化思维，各方资源整合缓慢，整体上难以抗衡抖音、今日头条这样的网络媒体。相应地，传统媒体主持人的知名度与影响力不断被弱化。媒体进化过程中的代际之争不可避免，这对于传统媒体主持人来说是前所未有的挑战。那么从传统广电媒体时代过渡到融媒体时代，再到未来的全媒体时代，广电媒体主持人还有多大发展空间，是被淘汰还是持续进化？这将是他们不得不面对的问题。

网络媒体的发展促使传播体系重新构建。新闻产品视频化成了媒体新业态，而短视频平台中的流量主播借势吸引了越来越多的受众从网络平台获取新闻信息，并带起一股泛娱乐化的新闻解读方式，对传统媒体主持人的专业性构成冲击和挑战，其中宣读式、朗诵式的传统播音主持方式已然和网络一代越来越不合拍，传统媒体主持人必须把专业性和娱乐性有机融合，以带给受众更好的视听感受。

网络媒体的扩张渗透无远弗届，短视频带货与直播带货一路高歌猛进，已是电商新风口。除了一众网红主播不断刷新带货数据，央视主持人们也不甘落后，自2020年开始，央视BOYS直播带货，3小时创下13.9亿元的成交额；主持人周涛直播首秀，总带货成交额1.4亿元，可见央视主持人的带货能力不容小觑。主持人光环耀眼，其中最大的加持乃是媒体公信力带给他们的天然责任感。央视主持人蹚出的这条直播带货之路，也让各地媒体主持人对自有平台和地方资源有了更多的信心，同时对打造主持人 IP 有了更多尝试的动力。

从 2014 年我国广电行业开始"媒体融合"，到如今媒体融合又提升到了一个新的阶段。媒体融合的最终成果，也是媒体融合的目的，是实现智慧全媒体。智慧全媒体对传统媒体主持人来说，意味着什么呢？

◎ 融媒体前瞻及对主持人的影响

（一）智慧全媒体将是主持人的新舞台

融媒体是目前媒体融合的阶段性成果，呈现"资源通融、内容兼融、宣传互融、利益共融"的特点。而"全媒体"将是人类现在掌握的信息传播手段的集大成者。全媒体可做到生产全类型媒体内容、实现多聚合平台协同传播、适应多场景传播特征、达到面向多种人群的差异垂直化传播。全媒体概念比融媒体概念更升级、更全面、更完整，是未来媒体的基本状态和格局。

业内专家预见，媒介融合的未来就是要打造智慧全媒体，实现媒体产品与服务的全息化，到达全员用户，实现全面效果呈现。而在借助信息技术和数据技术分析出不同用户特点需求后，通过所有传播渠道精准自由地传播优质节目内容，让不同用户获得前所未有的满足感，这是媒体的内在职能。伴随传播渠道的升级换代，相应的传播内容也必将推陈出新，确保内容这一核心价值得到更有效的彰显。

具体而言，现在有的电视已具备手机功能，人脑甚至能实现人机互联，5G 应用全面铺开。未来，网络传播技术、终端设备形态都将实现更便捷、更快速、更畅通的网络应用场景。而在打通所有的渠道，实现传播通道、传输载体的质量转变之后，始终不变的是媒体的职责与核心，即传播优质内容。而传统广电媒体即使进化为智慧全媒体，作为传播中重要一环的"主持人"依然有其存在价值与广阔的发展空间。把握这一内涵，传统媒体主持人才能不为环境变化所困扰，而应持续专注在提升自身功力上，为新传播生态添光增彩。而时间窗口还未关闭，国家发改委《市场准入负面清单（2021年版）》提出非公有资本不得从事新闻采编与播发业务，传统官方媒体依然有其特殊优势。随着新旧媒体不断深度融合发展，多渠道播出系统越来越畅通，叠加政策优势，好的节目形态、内容再加上能匹配全媒体的主持人，节目依然大有市场。

智慧全媒体对专业主持人来说是发展机会，但也意味着更多普通人能够通过短视频及直播的方式变成"主持人"。在这一开放性的竞争环境中，"泛主持人化"的出现，必然使争夺受众的关注度十分激烈。面对这一大变局，传统媒体主持人一定要冷静分析主流趋势，调适自己更快适应全媒体语境，不断完成自我优化与改造，方能破茧重生。

（二）平台赋能给主持人的机遇挑战

时代在变，内容形态在变，通过大数据等高科技手段辅助媒体发展来满足不同层次受众的需求，是融媒体时代的主要目的。传统媒体一家独大的思维模式也要因此转变，必须不断优化内容，整合资源，畅通渠道。与此同时，传统媒体队伍的电视主持人既要对大环境背景有充分认识，也要看清主持人发展的潮流，明确自身定位，在此基础上，顺应潮流，求新求变。

可以看到，各传统媒体已越发重视网络平台的传播力，不断推出以各自的名主播、名记者为主力的网络直播、网络带货，及扩充网络视频拍客队伍。同时，也注重在微博、抖音、视频号等网络媒体上进行展示。网络与传统媒体的界限逐渐模糊，优秀的电视主持人在畅通的传播渠道上依然具有较大影响力。例如，2020年，新冠疫情突如其来，席卷全球，网络传播的重要性由此凸显。网络营销异常火热，网络主播的直播卖货创下的销量奇迹，倒逼传统媒体主播进行网络带货，曾出现了备受关注的央视主播与网络主播的带货组合。随着传统媒体加快各自旗下新媒体平台建设，各种资源的整合力度的加大，如今，人们已习惯通过手机收看各类资讯及视频，相应地，官方新媒体手机APP的访问量普遍呈现上升态势。例如，2021年的海峡两岸春节焰火晚会，厦门广电不但通过《厦视直播室》栏目在电视上直播，更同步看厦门APP、厦门广电网、央视频移动网、央视频、视频号、厦门广电官方微博、抖音、快手、一直播、哔哩哔哩及厦门卫视等平台进行现场直播，并设置网络互动窗口。当日，这一直播冲上微博热搜，阅读量达到 2.5 亿，在厦门广电官网看厦门 APP 累计播放量达 78 万人次。

2022 年 3 月 3 日，厦门卫视《两岸新新闻》栏目针对台湾大停电事件展开报道。报道内容经厦门广电通过微博平台发布后，迅速引发广泛关注，当天浏览量便突破百万大关，成功登上微博热搜榜榜首。

这一现象充分表明，当媒体渠道实现深度融合、畅通无阻时，优质节目便能突破传统传播界限，获得更为广泛的传播。如此一来，不仅传统收视率得以保持稳定，而且网络点击量也大幅攀升；更重要的是，媒体的影响力得到进一步拓展，主持人的知名度也随之水涨船高，真正实现了多赢局面。

◎ 当前主持人的几种发展形态

主持人的发展平台依托栏目及其传播渠道，从这个角度探讨传统媒体电视节目主持人的定位与发展空间，要看清目前主持人队伍发展的几种潮流倾向。

（一）传统媒体电视主持人

中央广播电视总台以及湖南卫视、江苏卫视等传统媒体在网络媒体运营方面表现卓越，运营水平较高。这些媒体的主持人借助传统媒体与网络的双重渠道，依然保持着较高的知名度。例如，央视新闻 APP 推出的《主播说联播》，以新颖的形式和独特的视角，让新闻主播在传统媒体中积累的形象影响力与在网络传播中展现的个性化魅力相互叠加。这一创新举措不仅强化了新闻主播个人的影响力，还进一步巩固了传统媒体栏目的权威性。同样地，湖北经视的《直播微视频》也通过类似的方式，实现了传统与新兴传播渠道的有机融合。

湖南卫视与江苏卫视则充分发挥自身在节目策划方面的优势，精心打造适合电视传播的节目产品，同时不忘推出契合网络传播特点的节目内容。这些节目通过多渠道广泛传播，不断扩大覆盖范围与影响力，为媒体带来了可观的收益。多年来，何炅、谢娜、华少等知名主持人凭借这些多渠道传播的节目，在受众群体中积累了广泛而深厚的影响力。

不过，各传统媒体在融媒体发展道路上的步伐有快有慢，其主持人的发展境遇也各不相同，可谓是几家欢喜几家愁。毕竟，电视主持人的品牌影响力并非孤立存在，而是受到传统媒体制度、节目形态以及传播渠道等多重因素的制约。只有传统媒体不断适应时代发展、优化自身制度、创新节目形态、拓展传播渠道，才能为电视主持人提供更广阔的发展空间，进一步提升其品牌影响力。

（二）网络带货主播

近年来，发展势头最猛的一种主播类型，是纯粹在各类网络直播平台上"野蛮生长"起来的网络主播。因为网络主播的发展，"主播"一词也被赋予了更宽泛的定义。网络主播因为门槛低、限制少，主要是在直播间以展示自身形象，或进行情感聊天互动，或才艺表演，或推销产品为内容进行网络直播，因为时间灵活，也吸引了很多粉丝，在短时间内聚集了人气和财富。

（三）网络节目主播

一些在传统媒体时代就积攒了相当人气的节目制作团队及知名主持人转型，在网络节目的试水中赢得了更广泛的受众关注。例如，同样是蔡康永参与主持的节目，在爱奇艺平台上的《奇葩说》的覆盖力和影响力已远远超过其曾经在中国台湾地区主持的王牌电视节目《康熙来了》。网络节目因为更接地气，打通了很多传播渠道上的限制，其主持人的平台优势和待遇是传统媒体主持人所羡慕的。

（四）虚拟主播

现在，还有不容忽视的一类主持人就是虚拟主持人，如网络中的龚俊、央视频的小C、厦门广电的小雨等。可以想象，虚拟主持人的发展空间会随着技术的进步而在消费场景化、智能写稿、智能播报甚至在智能化艺术创作等方面不断拓展，彰显其独特地位。但目前真人主播在一般节目中的微表情、强情感，以及在直播带货中真人试用等带来的信任感，是虚拟主播很难实现的。同时虚拟主播是以真人主播为进化蓝本，因此，地方台如果要打造具有特点的虚拟主播，前提仍是需要有自己的头部真人主播，让虚拟主播和真人主播实现共同进化。

◎ 全媒体时代主持人的转型升级之路

（一）全媒体时代传统媒体主持人迎接新挑战的必然性

全媒体时代加快了电视媒体求新、求变、求精的步伐，这也要求主持人必须按照全媒体时代受众喜闻乐见的方式，精准高效地传播信息。

（1）多维提升应对由"单一"走向"多元"的传播平台。全媒体时代，主持人对受众注意力的争夺是全时段、全网络的。由此可见，对主持人的考核要求贯通于全流程，从节目直播起到节目播出后的点击，再到遍及各种互联网终端上的传播，主持人将无时无刻不接受评判考核，这也要求主持人必须积极提升全媒体多维应对能力，保持良好的状态。

（2）高效应对传受方式由"接收"向"参与"转变。全媒体时代，传播者和受众之间的界限消失，"受众"同时也是"传播者"和"参与者"，传播主体呈现"泛众化"趋势。主持人不再享有话语垄断权，因此主持人必须调整心态、身段、语态等从内到外的形态，使其融入传播的每一个环节，与各方平等交流、积极互动，在网络信息的流动中逐渐确立自己的全媒体主持人特有的风格。

（3）对待受众不再一味地"迎合"，而是营造双向"选择"的伙伴关系。全媒体时代，人们对消费媒介内容的选择权大增，群体细分日益明显，众口难调更是常态。"大众情人"式的主持人必然减少，更多的"个性化主持人"将吸引来一个个小群体，并与他们一起成长壮大。风格化、小众化的传播部落群将风起云涌，这就倒逼没有特色、没有清晰定位的"全民主持人"完成自我剖析，提炼出自己的"秘密武器"。

（二）全媒体时代传统媒体主持人的转型尝试

以多方新闻资讯为主要内容的厦门广电集团新闻中心《厦视直播室》栏目，不断审时度势进行改版，打好互动牌，让观众由单一接收走向积极参与。栏目中有一个小板块，最开始以《新闻热词》（新闻图片加主持人解说评论）的形式出现，改版到以短视频为主，主持人串场点评的《主播微视界》，再改版成《主播说》，其内容综合多家传统媒体、广电拍客、网络新闻等来源，以画面新闻、短视频形式，或以图片形式播出。主持人根据播出内容以播报、解说或评论的形式进行串场，栏目板块始终以传播优质新闻内容，以受众收视行为喜好为优先考量，不断做出相应调整。而调整的唯一标准就是观众的参与度。同时，主持人以更专业的方式强化栏目气质，在服装、外形方面做出尝试和改变，在语言风格等方面彰显个性，在新媒体运用等方面，以个人风格的发挥来带动整体节目效果的提升，从而赢得受众喜爱和关注。总结下来，有以下较为成功的三点。

（1）对信息做精细化加工。如今的节目主持人在信息发布权上的优势不再体现，就必须在信息解读上做文章，要从对信息的简单再加工变为提升信息附加值。主持人要依托节目团队，对有价值的新闻的背景、原因及影响等进行多维度的分析和解读，凸显意见领袖的作用。

（2）舍"杂家"成"专家"。在信息过剩、杂音纷扰的当下，受众亟须减少信息选择时的不确定性，因此主持人可从信息来源及内容筛选及深度解读方面，通过自己的专业化能力，提高节目信息的可信度和权威性，从而给予受众在庞杂的信息海洋里的安全感。这也有别于以往要求节目主持人应该成为博学多闻的"杂家"，而今"专家型"节目主持人带来的确定性，更能吸引受众对节目的关注，也能够培养受众对节目的忠诚度。所以，如今主持人找定位，就是找准自己擅长的领域，将自己打造成"专家型"节目主持人。

（3）借势自媒体，打造自己的全媒体风格。自媒体节目来势汹汹，深究它们成功的一大秘诀，就是各自具有独特的性格、个性、魅力。全媒体时代，旗帜鲜明方能在千军万马中脱颖而出。所以主持人也应该在工作之余尝试经营自媒体节目，用自己的专业底蕴吸引更多志同道合的粉丝。这种尝试也许不如一些网红一样成功，但长期精耕细作，通过不断学习自媒体运作技巧，久久为功，定有开花结果的一天，而这对传统节目的传播影响也大有裨益。

　　未来，随着媒体融合发展到全程媒体、全息媒体、全员媒体、全效媒体，传统媒体的记者、主持人的身份界限将会越来越模糊。传统媒体主持人也要与时俱进，顺应时代变化，引领时代潮流。

未来主持人的发展前景（二）
——广电主播新媒体赛道

电视频道具备新媒体没有的优质稳定的节目质量、人员素质整体较高的优势，但要跟上如今专业视频生产与运营模式的节奏，必须形成规模化业务扩张的态势，并且有足够的资金与人力支撑。当前，电视频道入局短视频与直播的方式，除了主持人带货、常态化直播，新媒体账号代运营、达人孵化也是一种市场化业务探索的方式。

◎ 直播电商结合的"双效益"凸显

近些年，很多广电机构积极入局"直播带货"，这是开拓电视新媒体平台与直播电商的崭新尝试。比如，山东齐鲁频道以《齐鲁名医堂》为品牌核心，开拓"手机直播＋手机短视频＋电视微栏目＋线下医药渠道＋OTC 电商销售渠道"的营销传播模式。

湖南娱乐 MCN 在短视频与直播运营领域深耕，在内容上搭建了明星、泛娱乐、母婴、美妆等矩阵，同时搭建了以张丹丹、马可、王燕、段鸿等主持人为主的明星直播矩阵。再如，浙江民生休闲频道着力推进"黄金眼 MCN"建设，布局了短视频、电商直播、账号代运营、职业技能培训等领域，用更灵活的机制挖掘盈利增长点。同时，该频道在浙江广电 200 万元"种子基金"的支持下，自主培育和签约各领域优质内容生产者（机构）500 余人（家），建立起与阿里巴巴、抖音、快手、微博、腾讯等头部互联网平台的紧密合作关系，获得了淘宝直播 PGC 机构资质，并入驻百度集团采购体系。

总体来看，我国部分电视频道正在内容赛道与经营赛道"奋力开跑"。但是，碍于内部领导决策、地域市场环境、资源、资金等差异，电视频道当前的发展差距仍然存在，一些频道仍徘徊于"做与不做"的边缘。随着电视大屏受众群体持续萎缩，或快或慢，"融媒经营"或将成为未来传统媒体的主要经营方式之一。在电视与新媒体的融合发展过程中，主持人起到了关键性的作用。

受众在哪里，流量在哪里，节目就应该在哪里。大屏主持人向小屏转型是必然趋势。未来，不但广播电视节目的全网络流通渠道要打通，各个年龄段的主持人除了日常单位节目以外，还要垂直深耕自己特色的视频小号，结合单位视频大号，走一条大小屏相结合的路。

不同年龄阶段的主播，都有各年龄阶段的优势、性别特色、兴趣爱好。从时尚、文化、艺术领域深耕，主播们可以开辟新的网上主持领域。单位应逐渐建立一套良性循环机制，让主持人不用离职也能创造自身与集体利益。出于对未来职业之路的思考，对于像笔者这样正处于四五十岁年龄阶段的主播来说，有哪些适合我们开拓的发展赛道呢？

◎ 70后、80后电视主播的新媒体赛道：银龄项目

随着我国已经步入老龄社会，相比于首发经济、票根经济，银发经济显然更具吸引力。对于广电主播来说，进入四五十岁这一年龄阶段，原本的职业生涯劣势，因为发达的网络媒体，短视频的爆发，反而成为一种优势。他们因为具备专业能力，人生阅历丰富，很适合在广阔的银发经济赛道上发力。

那么，如何依托广电媒体优势，经营好网络视频号呢？下面以运营中老年视频号为例进行分析。

（一）方案目的

该方案主要解决两方面问题：一是短期内可操作的老年项目；二是可以带来收益的针对中老年群体的新媒体运营号，包括命名、定位、内容等。方案针对中老年市场的消费特点，分析目前运营较好的老年项目及新媒体运营号，结

合厦门城市特色，提出了较为可行的厦门广电结合自身优势可参与运营的银龄项目和可顺势推出的新媒体运营号的方案。

通过综合目前市面上做得较成功的银龄项目，运营银龄内容较成功的新媒体，力争为厦门广电打造出优质银龄新媒体运营号，推出有影响力的银龄老年人活动项目，达到线下线上银龄内容传播、收益双赢的效果。

（二）方案重点、难点

（1）线上的新媒体运营内容建设。

（2）既要借鉴外地成功经验，也要结合厦门优势特色确定活动项目。

（3）要达到项目预期效果，需要多部门通力协作。需要多方学习经验，找到最佳实现路径。

（4）目前，就新媒体内容提供方而言，需要长期稳定地提供优质视频内容，要确定参与人选，加强新领域业务学习与探讨。

（三）主要成功案例对比与分析

1. 山东广电全媒体旗下公众号"乐享银龄"

从 2017 年开始，山东广电通过电视节目服务本地老年人，逐步发展至开设视频号及带货直播，效果良好。目前，山东广电推出了三个银龄视频号，青岛电视台推出了青岛广电"银色年华"。

其中，"乐享银龄"这个公众号很受欢迎。公众号由一位有一定年龄阅历的大学教师张老师坐镇，带大家挑选服饰，提供日常穿搭建议，分享爱美小技巧，以第一视角带大家看老年春晚、为大家精选大牌产品等。主播因个人良好的亲和力，善于分享沉浸式体验，直播带货效果较好。广电官方的视频不硬推产品，而是根据需求找到合适的商品再推出。

2. "孙悦姐姐"公众号

孙悦是家喻户晓的歌手，上了年纪但保养有方的孙悦开了公众号，其第一期视频的口号很清晰：50 岁姐姐的新生活！分析其内容，突出孙悦个人内容的视频，点击率通常在几千次。而点击量能上万的节目，往往与特殊项目体验

（如水上滑板）、与老人互动（如向老人请教健身经验）等内容相关，这些内容形式都可以作为新媒体创作的表现形式。

山东广电有着成熟的运营模式，尤其是其秉持的真诚为"姐姐们"服务的核心理念，值得借鉴。"乐享银龄"的张老师专业知识扎实，成熟稳重、亲和力强，深得观众喜爱。"孙悦姐姐"年龄定位清晰，自身颇具感召力，若能多带着老人一起互动，多向老年人请教，或是多输出一些体验感强、富有新奇感的创作内容，会更受老年人欢迎。

（四）做好厦门广电 IP 所需要的两个特质

（1）要凸显厦门特色。银龄内容在满足老年人共性需求的基础上，还需关注南北方在人文、性格、喜好、环境等方面的差异，着重突出厦门优越的气候条件、独特的台海区位优势、深厚的人文底蕴、丰富的旅游资源以及优质的影视资源等，全力打造具有厦门特色的银龄 IP。

（2）要彰显厦门广电特色。主持人是厦门广电的"活招牌"，打造厦门银龄 IP 需要一位有自然亲和力、社会影响力的灵魂人物，此人需拥有策划架构银龄内容的能力，能够随时为受众带来独特的体验感、实实在在的收获感以及意想不到的惊喜感。该银龄 IP 在展现优雅、活力、自然等个性特色的同时，也能进一步提升厦门广电的影响力。

（五）短视频表现形式及内容设想

1. 厦门广电视频号银龄定位

"银龄生活"视频号是一个专注于为中老年人提供生活、健康、娱乐等方面知识与信息的短视频账号。该视频号旨在助力中老年人更好地融入现代社会，提升他们的生活质量，让他们的晚年生活更加幸福美满。同时，它让更多不同年龄层的人了解如何更好地关爱自己和身边的长辈，从而增进亲情和友情，促进家庭和睦与社会和谐。

2. 表现形式及内容

表现形式：视频号要有灵魂，适合推出以主持人作为主要体验官、参与者的 IP 内容，产生黏合度。主持人团队是厦门广电的优势，可根据个人特点充分利用。因为对象是中老年群体，建议有一定生活阅历与经历的主持人作为先期体验官较容易产生共鸣，随着影响力的扩展与内容需要，也可以选择一些人美心善可爱、有年龄反差感的男女主持人担任部分内容的体验官，主打青春活力朝气的风格。主持人可以老带新，有主有次，在节目中互动衔接，成梯队依次在公众号中推出。老年人群体阅历丰富，洞察力强，喜欢被尊重、被认可、被接受，视频号人设及内容也要注重公序良俗，主持人团队要体现和谐、尊重、真诚。视频采访话筒 logo 要统一，主持人自我介绍格式为"厦门广电某某"，力争通过团队的力量，打造具有良好影响力与实际收益的厦门广电 IP 品牌。

表现内容：

（1）普罗性内容

健康养生：分享一些适合中老年人的健康养生知识，如饮食、运动、按摩等方面的技巧和方法。比如，邀请中老年有经验的健身老师，现场传授"一招鲜"。可一次性录制，分期播出。

心理、生活关怀：关注中老年人的心理健康，分享一些帮助他们排解压力、保持乐观心态的方法。寒暑天、台风天为孤寡困难老人送温暖。

生活小窍门：分享一些实用的生活小窍门，如家居布置、购物攻略、旅行攻略等，让中老年人的生活更加便捷。

亲子互动：鼓励年轻人与中老年人进行亲子互动，分享一些增进亲子关系的活动和游戏。

传统文化：介绍一些中国传统文化，如书法、绘画、戏曲等，让中老年人更好地了解和传承中华优秀传统文化。比如，好书推荐、经典好剧场景再现、专家访谈等。

社交活动：分享一些适合中老年人参加的社交活动，如舞蹈、唱歌、旅游等，帮助他们结交新朋友，丰富社交生活。

科技产品：介绍一些适合中老年人使用的科技产品，如智能手机、平板电脑等，让他们更好地融入现代科技生活。

(2) 特色性内容

影视基地体验风：整理经典厦门取景地，对比电影场景，现场解说。复刻海边风、休闲风等经典影视场景。

金鸡电影风：充分利用金鸡电影节资源，多找些明星录制宣传语，谈谈与健康有关的话题。甚至提前邀请他们参与敬老爱老的社会公益活动。

厦门慢生活风：比如，海边喝咖啡，湖边泡茶，谈天说地聊生活，谈健康，现场直播。允许多种"人设"存在。

厦门季候风：节气养生，季节美景，不为人熟知的性价比高的旅游项目等。

学习闽南话风：外地游客学说闽南语，可以简单搞笑的形式。

本地故事风：讲述长寿老人、时尚老人、幸福老人的故事。

(六) 新媒体运营号名称

在运营面向中老年群体的公众号时，一个恰如其分的名称至关重要，最好能让读者一眼就明确知晓该公众号所服务的对象。要知道，步入中老年阶段后，人们往往不喜欢被直白地称为"老人"。因此，在为公众号起名时，需格外注重用词的雅致，尽量避免使用"老""白发"这类过于直白的词汇。

"银龄"便是一个广受认可且表意清晰的名字，它既体现了目标群体的年龄特征，又毫无生硬之感，让人一看便懂。此外，网络上还有个名为"椿萱里"的中老年公众号，其取名思路同样值得借鉴。"椿萱"在传统文化中常用来代指父母，寓意着对长辈的关怀与祝福，以它为名，既富有文化底蕴，又巧妙地传达出公众号的定位。

以下是公众号参考名称：厦门广电悦享银龄新生活、厦门广电清新银龄、厦门广电乐活银龄、厦门广电爱萌银龄、厦门广电幸福银龄、厦门广电金色年华、厦门椿萱里、厦门银龄青年。

（七）山东广电银发公众号的延伸思考：带货直播

山东广电自 2020 年直播带货以来，销售收益颇丰。对其带货思路分析如下。

（1）组建强大的客户联盟。该项目能成功得益于深耕细作，在没有视频号及直播带货前，团队配备专门运营人员通过微信群与"姐姐们"进行沟通，目前，山东广电旗下私域社群已有 20 余万人。也就是说，从 2017 年节目播出至今，山东广电已经打造了一个山东及全国老年人大联盟。

（2）根据需求选择对路货品。山东广电推出的服饰搭配内容很多，是因为栏目负责人在直播互动中，了解到老人们有这方面的需求，顺势推出了慢节奏直播。主播张老师了解到受众对品质生活的需求及价格预期，又主动联系一线大牌，亲赴厂家甄选，供需对接，全程参与，直播效果明显。

（3）厦门广电的带货直播建议。可以综合借鉴山东台经验，寻找合适的 40 后、50 后有观众基础、具备亲和力的主持人，作为视频号的灵魂人物，持续制作输出符合老年人审美品位的视频号节目。线下，多参与老年团体活动，组建一个能及时在线交流的团队，收集各种意见和需求。相比爱美的山东姐姐，福建的姐姐们是否更爱喝茶、更注重养生保健呢？是直播服饰有收益，还是直播保健产品有收益？还可通过大数据调研受众需求，再有的放矢地直播带货。

总而言之，当视频号在前期能够持续、高质量地输出内容，并积累起一定的用户黏性时，在充分了解受众群体需求的前提下开展有针对性的直播，便能水到渠成地取得良好效果。

未来主持人的发展前景（三）
——AI主持人播报零失误，播音专业何去何从？

近年来，人工智能技术的突破催生了"AI主播"这一新兴职业。从新华社的"AI合成主播"到虚拟偶像"洛天依"，AI主播逐渐渗透新闻播报、电商直播、综艺主持等领域。

2024年春节，杭州电视台首开AI主播播报新闻的先河。随后，厦门广电也开始在部分栏目采用虚拟AI，有些配音也采用AI合成，AI主播的时代已全面来临。技术的迭代引发了行业对真人主播存在价值的质疑：AI主播能否彻底取代真人主播？本节将系统对比两者的优劣势，并基于技术、伦理与市场需求，探讨未来主持行业的发展方向。

杭州电视台首开AI主播播报新闻

◎ AI主播的崛起：技术赋能的效率革命

（一）核心优势：精准、高效与无限可能性

24小时无休的播报能力：AI主播无须休息，可全天候播报突发新闻或重复性内容（如天气预报、股票行情等）。

跨语言与文化适配：通过多语言模型和形象生成技术，同一AI主播可切换不同语种与虚拟形象，满足全球化传播需求。例如，央视AI主播"小C"能以中英双语解读国际新闻。

数据驱动的精准输出：结合用户画像与实时弹幕分析，AI主播可动态调整话术。淘宝的直播数据显示，AI主播在推广标准化商品（如纸巾、零食）的转化率比真人主播高15%。

AI主播小雨在向大家挥手

（二）技术瓶颈：情感表达的"机械感"

情感模板的局限性：AI的"共情"依赖预设算法，难以应对复杂场景。例如，在报道灾难新闻时，其悲伤表情被观众评价为"僵硬且缺乏感染力"。

互动深度的天花板：AI无法理解潜台词与幽默的隐喻。某电台测试显示，当观众提问"今天天气适合emo吗"，AI主播错误解读为"需要播报电磁波（EMO）数据"。

◎ 真人主播的壁垒：人性温度的不可替代性

（一）核心竞争力：生物本能与社会经验

情感共鸣的生理基础：真人主播可通过声调的颤抖、微表情的变化传递真实情绪。研究证实，观众观看真人播报灾难新闻时，大脑镜像神经元激活程度比观看AI主播高40%。

即兴创作与价值判断：在深度访谈或社会议题评论中，真人主播可结合个

121

人阅历输出观点。例如，在《新闻 1+1》中主持人对教育政策的解读，融合了政策逻辑与人文关怀，是 AI 难以模仿的。

（二）现实困境：成本与效率的权衡

人力培养的高投入：一名成熟主播需经历多年专业训练，而 AI 仅需进行数据训练即可上岗。

生理与心理的局限：真人主播会疲劳、犯错，且难以同时处理多任务（如边播报边分析实时数据）。

◎ 未来图景：从"替代"到"共生"的行业重构

（一）人机分工的精细化

AI 主攻"标准化场景"：

新闻快讯、数据播报、商品导购等流程化的内容由 AI 接管。例如，韩国 MBN 电视台的 AI 主播"金柱夏"已承担 80% 的日常新闻播报工作。

虚拟主播 IP 化：二次元虚拟偶像（如 A-SOUL）通过人设运营吸引年轻群体，形成独立的商业模式。

真人聚焦"高附加值领域"：

深度内容生产：新闻评论、纪录片解说、文化类节目需要人类独特的价值观与叙事能力。

情感密集型互动：心理咨询直播、公益倡导等场景依赖真人主播的共情力与社会影响力。

（二）技术赋能真人主播的三大路径

AI 辅助创作工具：

语音纠错、实时翻译、智能提词器等技术可提升真人主播的专业性。例如，BBC 主播利用 AI 语音校准系统来减少口误。

虚实融合的交互模式：

真人主播与虚拟形象协同工作。例如，央视《经典咏流传》中，撒贝宁与

AI 生成的李白形象同台对话，增强节目沉浸感。

数据驱动的个性化服务：

通过分析观众情绪数据，真人主播可动态调整播报策略。例如，在带货直播中，根据实时弹幕热度优先讲解特定商品。

◎ 挑战与伦理：技术狂飙下的冷思考

就业冲击与社会公平：低技能主播岗位可能消失，行业需建立职业转型培训体系。

情感操纵风险：过度拟人化的 AI 主播可能诱导用户消费甚至传播偏见，因此需要建立伦理审查机制。例如，欧盟已要求 AI 主播在政治类内容中标注"虚拟生成"标识。

人性定义的边界：当 AI 无限接近人类情感表达时，社会需重新界定"真实"与"虚拟"的价值观。

不可否认，如今人工智能风潮席卷世界，但如果简单地把技术迭代等同于专业消亡，未免陷入"只见树木不见森林"的认知困局。试问，当今哪个行业未被人工智能重塑？医学影像 AI 可秒级诊断病灶，却无法替代医生问诊时的共情与人文判断；金融算法能精准预测风险，却无法替代投行顾问对经济脉搏的直觉感知。播音专业若因技术冲击而自乱阵脚，也恰如因噎废食。

首先，我们需要承认 AI 在新闻播报中的技术优势，但这并不是否定人类主持人的价值，更非质疑播音教育的合理性。正如哲学史中"认识你自己"的永恒命题，面对技术发展一日千里，人类真正的困境不在于 AI 的强大，而在于如何突破"工具理性"的束缚。康德所倡导的"哥白尼式革命"在此刻显现意义——与其被动接受技术改造，不如主动解构 AI 与播音实践的依存关系，在人机共生的生态中重构专业话语权。

其次，播音实践的深层魅力，恰在于其"不可标准化"的技艺性。每位主持人的声线、语调、节奏都是其文化基因与个性特质的结晶。这些风格绝非算法可复制的"数据模板"，而是新闻文化的"活态标本"。AI新闻播报看似高效，实则深陷依附性困局——其形象、姿态、发音皆是对人类主持人的"数字临摹"，是过去式播报风格的"数据定格"。离开对特定主持人的模仿，AI便沦为无根之木，更不用说形成具有独创性的表达。

最后，播音专业教育的破局之道，在于将技术冲击转化为创新动能。与其焦虑"AI会抢饭碗"，不如培养"AI追不上的核心竞争力"：通过方言训练课程挖掘地域文化基因，通过即兴表达工作坊锤炼临场反应能力，通过全媒体实践项目锻造跨平台叙事能力。当学生能以"方言 + 双语 + 历史典故"构建独特播报风格，当教师能用"AI语料库 + 人类情感库"开发复合型课程，播音专业便从"技术依附者"蜕变为"规则制定者"。

目前来看，只要输入指定话语，AI主播就能准确无误地生动播报，与真人播报几乎没有区别。真人主持人与AI主持人的区别在于，人是有情感的，会根据事情即时做出判断的动物，会有喜怒哀乐的思想情感反应。主持人自身应不断提升对社会的认知，增强对事物理性、感性的双向判断能力。AI的情感表达能力还没有进一步优化，未来，人与AI的区别就在于人类的即时情感表达，AI会基于大数据给出一个所谓的完美的答案，这可能是优势也是劣势，因为这区别于个人独立的思想表达，正是不完美的表达，才更真实。

AI主播的崛起并非真人主播的终结，而是行业进化的催化剂。未来的主持人将不再是"播报工具"，而是"内容策展人""情感连接者"和"价值观传递者"。AI承担机械劳动，释放人类创造力；真人聚焦不可替代的人性价值，两者通过协作构建更高效的媒介生态。在这一进程中，人性与技术共塑未来，技术的温度不在于模仿人类，而在于帮助人类更专注地成为"人"。

参考文献

◎参考书目

[1]彼得·基维.美学指南[M].彭锋，等译.南京：南京大学出版社，2018.

[2]利奥波德·贝拉克，萨姆·辛克莱尔·贝克.解读面孔[M].蔡曙光，等，译.北京：社会科学文献
出版社，2008.

[3]洛雷塔·A.马兰德罗，拉里·巴克.非言语交流[M].孟小平，单年惠，朱美德，译.北京：北京
语言学院出版社，1991.

[4]丹尼尔·麦克尼尔.面孔：透视灵魂的窗口[M].王积超，刘珩，石毅，译.北京：中国友谊出版
公司，2000.

[5]达尔文.人类和动物的表情[M].北京大学出版社，2009.

[6]尼雷伯·卡莱罗.人体姿态之谜：人际间无声的交流[M].卡欧，可人，林曦，译.
北京：中国和平出版社，1989.

[7]广松涉.心身问题·表情[M].青木社，弘文堂，1989.

[8]丹·希尔.情绪经济学[M].黎欢，钟和，译.北京：中央广播电视大学出版社，2010.

[9]李京姬，金润京，金爱京.形象设计[M].韩锦花，吴美华，译.北京：中国纺织出版社，2007.

[10]郑连雅.成功者的表情管理[M].金敏贞，译.北京：清华大学出版社，2012.

[11]詹姆斯·波特.媒介素养（第四版）[M].李德刚，等，译.北京：清华大学出版社，2012.

[12]E.M.罗杰斯.传播学史[M].殷晓蓉，译.上海：上海译文出版社，2012.

[13]鲁道夫·F.韦尔德伯尔，凯瑟琳·S.韦尔德伯尔，迪安娜·D.塞尔诺.传播学[M].周黎明，译.

北京：中国人民大学出版社，2013.

[14]克劳斯·布鲁恩·延森.媒介融合：网络传播、大众传播和人际传播的三重维度[M].刘君，
　译.上海：复旦大学出版社，2012.

[15]罗伯特·洛根.理解新媒介：延伸麦克卢汉[M].何道宽，译.上海：复旦大学出版社，2012.

[16]保罗·埃克曼.说谎[M].邓伯宸，译.北京：生活·读书·新知三联书店，2008.

[17]卡西尔.人论[M].甘阳，译.上海译文出版社，2004.

[18]尼尔·波兹曼.娱乐至死[M].章艳，译.桂林：广西师范大学出版社，2011.

[19]孔智光.文艺美学研究[M].北京：中国戏剧出版社，2002.

[20]张洁.我们这个时代肝肠寸断的表情[M].北京：人民文学出版社，2006.

[21]冯波.西洋现代观人术精要：知人知面要知心[M].大连：大连出版社，1993.

[22]中国科协学会学术部.心理论，心技术，新发展：社会进化与心理进化[M].北京：中国科学技术
　出版社，2011.

[23]马有伦.沟通的力量[M].北京：中国党史出版社，2008.

[24]王志良，孟秀艳.人脸工程学[M].北京：机械工业出版社，2008.

[25]李博克.社交肢体语言揭秘[M].北京：金盾出版社，2010.

[26]周作人.生活之艺术[M].北京：工人出版社，2010.

[27]姜振宇.微表情如何识别他人脸面真假？[M].南京：凤凰出版社，2011.

[28]汪福祥.奥妙的人体语言[M].北京：中国青年出版社，1988.

[29]杰拉尔德·尼伦伯格，亨利·卡利洛.从体姿看心态[M].孙田庆，李健，译.北京：三联
　书店，1992.

[30]刘伟.肢体语言：比说话更有效的沟通技巧[M].北京：中国时代经济出版社，2007.

[31]邓明明.每天10分钟学点读心术[M].北京：机械工业出版社，2012.

[32]龙春华.行为心理学[M].北京：中国华侨出版社，2012.

[33]徐谦.微表情心理学[M].北京：北京理工大学出版社，2012.

[34]李杰群.非言语交际概论[M].北京：北京大学出版社，2002.

[35]宋昭勋.非言语传播学（新版）[M].上海：复旦大学出版社，2008.

[36]周广宇.心理学读心术[M].北京：外文出版社，2010.

[37]魏南江.节目主持艺术学[M].北京：中国广播电视出版社，2006.

[38]周萌.主持人的性别研究[M].沈阳：辽宁教育出版社，2005.

[39]季思聪.无冕女王：中美女主播的公众形象和私人生活[M].北京：时事出版社，1997.

[40]徐德仁，施天权.时代的明星：漫谈电视节目主持人[M].上海：复旦大学出版社，1990.

[41]俞虹.节目主持人通论（修订版）[M].北京：中国广播电视出版社，2004.

[42]薛薇.SPSS统计分析方法及应用（第3版）[M].北京：电子工业出版社，2013.

[43]王银桩，赵淑萍.荧屏巨星：美国三大电视网新闻节目主持人画像[M].北京：中国人民大学

出版社，1998.

[44]翁如.主持人思维训练教程[M].北京：中国传媒大学出版社，2007.

[45]马玉坤，高峰强.播音主持心理学教程[M].北京：北京大学出版社，2008.

[46]任远.当摄像机对准你：写给电视主持人、记者和嘉宾[M].北京：中国广播电视出版社，2010.

[47]李彬.传播符号论[M].北京：清华大学出版社，2012.

[48]曾庆香.大众传播符号：幻象与巫术[M].北京：中国广播电视出版社，2012.

[49]张浩达.视觉传播：信息、认知、读解[M].北京：北京大学出版社，2012.

[50]赵秀环.播音主持艺术语言基本功训练教程（第4版）[M].北京：中国传媒大学出版社，

2016.

[51]程琪龙.认知语言学概论：语言的神经认知基础[M].北京：外语教学与研究出版社，2001.

[52]李峰.逻辑与语言表达[M].北京：中国传媒大学出版社，2013.

[53]杨玉芳.心理语言学[M].北京：科学出版社，2015.

◎参考期刊论文

[1]胡正荣，李荃.走向智慧全媒体生态：媒体融合的历史沿革和未来展望[J].新闻与写作，

2019(5).

[2]胡正荣，张英培.我国媒体融合发展的反思与展望[J].中国编辑，2019(6).

[3]胡正荣，王润钰.我国主流媒体智慧全媒体建设的目标与路径[J].行政管理改革，2019(7).

[4]李纳.当下中国娱乐节目火爆的原因分析[J].文艺生活·中旬刊，2018(7).

[5]戴元初.媒体融合进入下半场，电视媒体还有机会吗？[J].视听界，2018(1).

[6]米斯茹，石磊.媒介融合语境下重大体育赛事解说风格流变：以奥运会和亚运会为例[J].

中国广播电视学刊，2015(4).

[7]吴木坤，林敏.着力推进闽南文化的国际化传播：厦门卫视闽南话节目传播策略及实践[J].

中国广播电视学刊，2017(5).

[8]丁江.主持的"视觉语言"和"听觉语言"[J].中国广播电视学刊，2012(12).

[9]卞玺.两岸新闻奏响乡音乡情：以"厦门卫视"为例[J].新闻窗，2014(3).

[10]张梅.全媒体时代广电主持人的转型升级[J].东南传播，2022(10).

[11]张梅.方言在普通话电视节目中的点缀运用[J].新闻前哨，2023(6).

[12]张梅.从一场焰火晚会到一次成功的"电视事件"：2021年厦金海峡两岸春节焰火晚会直播

解说回顾[J].新闻前哨，2023(3).

[13]李丹.AI合成主播对电视新闻主播的挑战与重塑[J].新闻传播，2025(5).

[14]李诗语，王婷婷，张艾末.播音员能否被替代的思辨：以AI主播家族为例[J].视听，2024(7).

[15]史昆，岳彦慧.浅析"AI合成主播"在新闻传播中的应用与发展[J].中国广播电视学刊，

2023(9).

[16]王健，宋宏轩.如何提升传媒业态中的新质生产力：以"人工智能+"时代的虚拟主播为例

[J].视听纵横，2024(5).

[17]于海涛.AI合成主播与真人主播的互补关系及应用探讨[J].视听纵横，2024(3).

[18]贾斐然.人工智能技术冲击背景下播音主持的价值坚守与发展路径研究[J].西部广播电视，

2023(13).

[19]黄牧.浅析智媒时代下我国真人主播的职业发展路径[J].视听纵横，2019(6).

[20]李鸢莹.AIGC浪潮下新闻主播"人机耦同"的发展路径革新[J].新闻与传播科学通报，

2024，1(2).

[21]秦玮蔚.智媒时代下AI技术与传统媒体应如何互补共存[J].中国传媒科技，2021(6).

[22]艾瑞咨询.中国虚拟主播行业生态研究报告[R].

后记

从业至今，我从未料到会在电视播音主持行业一干就是 28 年，其中在新闻直播一线就坚守了 19 年。我赶上了电视行业最辉煌的时期，也经历了它的低谷时期。从时间跨度来看，这段历程足以让一个孩子长大成人，直至步入而立之年。但奇妙的是，我仿佛被注入了一股鲜活的生命力，在直播一线乐此不疲。回首过往，我最大的感受并非骄傲，而是深深的幸运与感恩。

"人须在事上磨炼，做功夫，乃有益。"回望来时路，我对此深以为然。我很幸运，刚入行便获得了诸多实践机会，在一次次播报、直播中不断锤炼自我；我也很幸运，在北大求学期间不仅提升了专业能力，更领悟到了"致广大而尽精微"的思维方法；来到厦门后，我依旧扎根新闻一线，业务能力日益精进。这些经历，无一不是"在事上磨炼"的生动写照——唯有真做、真练、真感受，方能有所收获。

业务能力可以通过学习来提升，然而有一种能力，必须发自内心，秉持初心，以心换心。之所以能走到今天，正是因为在人生旅途中，有许多人给予我温暖，为我指正错误，鞭策我不断前行。他们的善意与智慧，如春风化雨，润物无声，让我渐渐明白：真正的播音主持，不仅仅是技巧的展现，更是心与心的交融。

28 年的播音主持生涯让我深刻领悟到：技巧不过是工具，真诚才是根本。真正的专业，体现在每一次的用心播报之中，蕴含在每一次与观众的用心对话之中。唯有心正，声音才能纯正；唯有真诚，表达才有力量。

未来，我仍愿以"致良知"的态度对待每一次站在话筒前的时刻——不欺瞒本心，不辜负观众，用真诚的声音，让观众感知美好的世界。